智元微库
OPEN MIND

成 长 也 是 一 种 美 好

图书在版编目（CIP）数据

为何我们总是重复同样的错误：强迫性重复背后的
识 /（法）简-大卫·纳索著；印昕，李乔译. --
：人民邮电出版社，2024.1
ISBN 978-7-115-62664-6

Ⅰ. ①为… Ⅱ. ①简… ②印… ③李… Ⅲ. ①心理学
. ①B84

中国国家版本馆CIP数据核字(2023)第175748号

版 权 声 明

◆ 著 [法]简-大卫·纳索
译 印 昕 李 乔
责任编辑 杜晓雅
责任印制 周昇亮

◆ 人民邮电出版社出版发行 北京市丰台区成寿寺路 11 号
邮编 100164 电子邮件 315@ptpress.com.cn
网址 https://www.ptpress.com.cn
天津千鹤文化传播有限公司印刷

◆ 开本：880×1230 1/32
印张：5.5 2024 年 1 月第 1 版
字数：200 千字 2025 年 7 月天津第 5 次印刷

著作权合同登记号 图字·01-2022-4737 号

定 价：59.80 元
读者服务热线：（010）67630125 印装质量热线：（010）81055316
反盗版热线：（010）81055315

为何我们，
重复同样的铭

无北

[法]
简-大卫·纳索

著

印昕 李乔

译

强迫
背后的

Pourquoi répétons
nous toujours les mê

toujours les mêmes erreurs? Pourquoi répétons-nous toujours les mêmes erreurs? Pourquoi répétons-nous toujours les mê

人民邮电出版社

北京

已经发生的任何事情，无论对还是错，都无法被抹去。时间——这位宇宙之父，也无法阻止它们的存在和重生。

——品达（Pindare）

公元前438年，于底比斯

本书的书名是"为何我们总是重复同样的错误"，如果你是因为被这个标题吸引而翻开了这本书，那么，也许你和我们在咨询室里接待的来访者们一样，正在开启一段向内探索的旅程。

我们为什么要了解重复？因为重复是人类精神生活的固有模式。

精神生活中的重复有时很容易识别，比如我们会说"混个脸熟""刷存在感"——重复给人熟悉之感，让人滋生喜爱之情。因此，我们喜欢和熟人相处，喜欢回到亲切的家里，感受那份不变的放松和舒适。思乡或怀旧之情，反映了我们对重复的渴望。广告正是利用了我们的这一特点——当我们反复看到某个品牌的广告时，我们就会下意识地对该品牌产生喜爱。

病理性重复的例子，有鲁迅笔下的祥林嫂，她反反复复地说着"我真傻，真的，我单知道下雪的时候野兽在山坳里没有食吃，会到村里来；我不知道春天也会有……"；还包括有强迫症状的人们会反反复复地做一系列相同的动作。有些重复则更加隐形，往往被赋予"命运""劫数"的名头，在我们的感觉中，这是某种高于我们、外在于我们的力量。有些人因之痛苦不堪，他们来到咨询室里说："我不明白自己为什么这样做。"有的来访者甚至感觉，自己已经步入晚年，却还在同样的问题上绕圈子，从而产生无限悲凉之感。

这个诡异的、高于我们又外在于我们的力量，不是别的，正是无意识。自弗洛伊德以来，精神分析工作者们与无意识工作了一百多年，也与人类重复性的命运工作了一百多年。本书的作者纳索先生是法国著名的精神科医生和精神分析师，他早年师从拉康，后在巴黎第七大学执教 30 年，理论扎实。同时，他还是一位多产的作家，他的 35 本著作已经被译为 14 种语言在世界各地出版。纳索先生的这本小书，以四两拨千斤，从重复出发，提炼出了精神分析理论和实践的本质。他所使用的语言通俗易懂、一气呵成，即便是从未接触过精神分析理论的读者，也能够轻松地理解他所讲述的内容。

我们为什么要重复呢？纳索先生告诉我们，重复和存在相连。存在的延续和统一感，可以说是人类精神世界的基石。纳索先生总结说，"我重复，故我在"。这让我联想到，在绿房子 ① 里，如果一个孩子在游戏

---

① 绿房子是基于儿童精神分析理论而建立的公益性场所，以倾听儿童、促进儿童的精神健康发展为目的，创始人为法国精神分析师弗朗索瓦兹·多尔多。

中和接待者产生了某种连接，那么下一次来的时候，他一定会试图重复同样的场景，他会找到同一个接待者，拿出同一个玩具，用同样的方式，上演同一个故事。曾令我深受感动的是，我的一位同事在陪伴一位弥留之际的老者的过程中，后者把发生在他青春期里的一件小事重复讲述了 16 遍，他仿佛是在生命即将逝去的时刻，一遍又一遍地在时空中标记着自己的存在。重复也是精神分析最基本的设置：我们要求来访者依照固定的频次、固定的时间来同一个地点工作，且在非必要情况下不能缺席。精神分析师和来访者都要为这种"重复性的在场"做出努力，这是精神分析工作开展的前提。当我们一次又一次地克服各种阻力，来到咨询室，将我们的注意力放在我们的内心世界上时，精神分析工作才能真正开始。

我们可以说，重复是人类精神的要求。我们必须重复，也只能重复。那么问题就在于，如何避免或者摆脱那些病理性的重复，让我们的存在脱离那种令人痛苦的固有模式呢？

在回答这个问题时，纳索先生引入了拉康定义的"享乐"（jouissance）的概念。也许读者会有疑问：为什么我们明明是在谈论创伤性的痛苦，却要用"享乐"这个词来描述它？这涉及精神分析理论所假设的人类精神的建构过程：在一个呱呱坠地的婴儿成长为独立自主的成年人的过程中，他要经历很多个"放弃快乐"的阶段，比如放弃吃奶的快乐、随意排便的快乐、破坏的快乐……例如，在最早期，婴儿的快乐来源于用嘴巴吮吸母亲乳房时所获取的所有快感；而当他再大一点，长到一岁至两岁时，他就一定会经历断奶。换句话说，家人（社会）禁止他再用这种方式来获得快乐。对这个孩子来说，他必须放弃这种旧有的快乐模式，接受其他获得快乐的方式，只有如此，他才能朝下一种快乐模式迈进，他的精神世界才能得到正常的发展和建构。享乐这个词对应的正是对这种禁止的违反，在无意识中，享乐中的人们想要退回到以前的快乐模式中，而以前的快乐模式是后来的精神机制无法容忍的，比如，当一个人已经成年，他也就无法接受自己再以吃奶的方式获得快乐了。冲突由此产生，人们不再像婴儿那样简单地感受到"快乐"，而是会产生一种混合了"爽快""痛苦"等感受的复杂感受，在意识层面，我们能感知到的感受通常是强烈的痛苦。从根本上说，"享乐"和"快乐"是对立的。快乐能够降低我们的精神压力，让我们的心灵感到舒缓；而享乐则体现为对痛苦机械而僵硬的重复，它不遵守现实中的规则，把人封闭在想象的世界中，让人无法和他人建立真实的、有益的关系。

　　享乐是一个很难理解的概念，因为必须从无意识的层面去体会它。对于不从事精神分析工作的读者来说，认识无意识也许是件困难的事情。但是，如果这本书能够让你开始思考人生路上的那些重要选择，那些在你的生命中反复出现的所谓"命运的兜兜转转"，去相信这种并不为我们的意识所了解的无意识力量，那么这本书就能体现出它的价值。

那么，精神分析的实践者们应当如何在实践中驯服重复的强迫性力量呢？我将纳索先生提供给我们的宝贵经验归纳为以下三个步骤，纳索先生在书中已有陈述，在此我只想加入我的理解，以供读者参考。

这三个步骤如下。

1. 梦化

在倾听时，精神分析师要在脑海中构建导致重复发生的原初无意识幻想，这涉及比昂所说的梦化能力，也就是说，精神分析师要基于来访者的话语内容、语调语气、说话方式及其传递出的情绪和感觉，调动自己所有的精神分析理论、知识、情感、直觉，在脑海中上演那

个创伤发生的画面，就像在拍摄一出戏或者创
作一部小说。我们要把自己放在来访者曾经所
处的位置上，去感受他可能感受到的一切，有
时这种感受甚至是躯体层面的。但此时，我
们还不必把我们"脑补"的这一幕分享给来
访者。

2. 再现

精神分析师要借助移情这一工具，引导来
访者走入无意识幻想的场景中，找到重复的动
机和情感来源。这是一个漫长的过程，因为它
代表着痛苦经历的苏醒。在我的实践中，它总
是伴随着失败、试错、修改，甚至还有来访者
中断分析、挑战分析设置的动作。在这个过程
中，精神分析师需要耐心地倾听来访者一次又
一次地讲述同样的事情，从每一次的讲述中捕
捉变化，从移情的角度思考，也要耐心地一次
又一次地给出解释。

3. 赋义

　　我们可以设想，当一个婴儿第一次感受到饥饿的时候，他的感觉是什么样的呢？他也许会处于一种极端的恐惧和孤独之中，因为他不知道这种压迫他、侵犯他的感受来源于哪里，他分不清它来自内部还是外部，也不知道他会不会一直处于这种极度的不适中，永远受其折磨，他的存在感因此而中断。而当母亲带着食物前来，缓解了孩子的饥饿感，将孩子从不适感中拯救出来时，母亲就为这种可怕的感受赋予了意义。孩子会明白，这种可怕的感觉是可以消除的，它的出现和消除与身体、口腔、食物有关，因此它不会再如此令人绝望。而母亲的话语"宝宝，你饿了吧，喝点奶就好了"，会让孩子从孤独的幻想中解脱出来，他会明白，他的感觉是一种与周围人共通的感觉，母亲的话语甚至已经为它命名（"饥饿"），他从此进入了人类社会围绕着"饥饿"所建立的所有语言和非语言的符号交流之中。这就是为什么，重复一旦被赋义，它就会停止。

在这一步，精神分析师的工作是和来访者一起，寻找最贴近来访者感受的话语。在这一步，来访者不再是那个在不知不觉中被动地经历创伤的主体，而是一边经历、一边思考的主体。从这个角度看，精神分析师修复的是比昂所说的思考机制。也可以说，我们在调用一种发育得更成熟的思考能力，来思考这个能力尚未发育时主体所经历的创伤。

重复是存在的前提，没有重复，就不可能有快乐，而重复的痛苦却像脖子上的枷锁一般，让我们的精神无法踏上自由的旅程。在人类精神的成长过程中，创伤是不可避免的，因此，重复的枷锁让我们感到人生总是历经坎坷、兜兜转转的。曾经发生的事情，如同不肯离开的游魂一般萦绕在心底，只有直面重复的魑魅魍魉，认识重复、理解重复，我们才能真正地和自己和谐相处，随心所欲而不逾矩。

精神分析工作者

乔菁

2023 年 10 月 25 日于杭州

CONTENTS
目录

第 1 章

瑞秋的故事：寻找重复的意义

什么是无意识？无意识不仅仅体现在口误、过失行为或梦中，它还是一种极其强大的力量，推动着我们选择要居住的房子或城市，选择与自己共度一生的伴侣，选择要从事的并能赋予我们社会身份的职业。所有我们认为是经过慎重考虑或偶然做出的选择中，其实都有无意识给我们的微妙指示。然而，经验告诉我，无意识还有另一种力量，这种力量令人无法抗拒，也正是本书所要讲述的内容——重复。

当无意识驱使我们安心地重复快乐行为时，这种重复是健康的重复，这时的无意识是生命的力量。然而，当无意识让我们强迫性地重复错误和失败的行为时，重复便成了一种病理性的重复，无意识也就成了死亡的力量。但无论无意识是生命还是死亡的力量，无论它导致了快乐还是不快乐的重复行为，唯一可以确定的是，正是它——无意识，调节着快乐和不快乐的事件的出现和再现，这些事件则构成了我们的生命体验。

什么是重复呢？我不想一上来就从理论层面介绍重复的概念，而是想先展示一个临床案例，从中我们会看到，重复在来访者痛苦的体验中占据了重要的位置。当精神分析师试图理解来访者痛苦背后的含义时，分析师的脑海中也会有重复的想法存在。

我会在展示临床案例后，再提出重复的一般定义和精神分析层面的定义。

我接待了一位年轻的律师，她叫瑞秋，独自生活，周期性地忍受着莫名其妙且无法安抚的悲伤。她想不通是什么让她难过。渐渐地，在我们的交谈中，她会无缘无故地哭泣，无法克制，她害怕这种苦恼会永远存在。当我和她说话时，我脑海中有两个想法，精神分析师的头脑中必须有想法，我反对精神分析师应该摒弃任何先入之见的说法。我认为，精神分析师在倾听他的来访者诉说时，需要有一些假设、猜想、疑问。简言之，他要有一套通过教育和实践经历获得的有用的预想，我称之为"丰富的"预想。

　　对来访者所有语言、副语言①和非语言的表现，精神分析师都要使用理论知识和实践能力进行过滤，并通过必要的筛选从中提取出来访者问题的主线。所以，在听瑞秋讲述时，我脑海里出现了两个关于重复的想法。第一个想法是，哪怕要追溯至童年，我也需要知道症状第一次出现的时间和状况，甚至包括悲伤第一次出现时的表现形式。症状总有第一次出现的时候，而这个最初的时刻无疑是决定性的。问题发生的最初阶段是最关键的，所有有意义的信息都出现在这个阶段，症状在此时给人的印象最为深刻、最不可磨灭。症状最初出现的情况要比之后每次出现更能说明其原因。然而，问题的第一次出现往往会被忽视，但我们必须知道它，以了解问题发生的过程。因此，精神分

① 副语言是指不以人为创造的语言为符号，而以其他感官诸如视觉、听觉、嗅觉、味觉、触觉等感知为信息载体的符号系统。——译者注

析师应该养成习惯：在初始访谈时，要清楚问题第一次出现的情况，并知道只要问题没有被赋予真正的含义，它就会复发。

从这个意义上来说，我们要记住：**在我们的头脑中没有被赋予意义的东西通常会返回来并体现在我们的行为中；反之，已经在我们的头脑中被赋予意义的东西就不会再回来了。**但什么是赋予一种心理障碍以意义呢？赋予一种心理障碍以意义须对一系列问题进行回答：为什么这种心理障碍是必要的？使之成为必要的心理事件是什么？这种心理障碍是什么问题的答案，或者说这是什么问题的"错误"的答案？如果精神分析师能够回答这些问题，那么他就已经在寻找心理障碍意义的道路上迈出重要的一步。让我们沿着这个思路继续。当瑞秋在场时，我的第一个想法是要知道她的悲伤第一次出现是在什么时候，之后再现又是在什么时候。如果我建立了这样的症状重复的轨迹，我就能推测我的来访者属于哪种临床类型，以及确定她的治疗方向。

说到这里，我想说明的是，我可以与一位来访者共度数月，对他的家庭历史知之甚少，而对他的症状历史却如数家珍。一个主体的真相（我指的是能够深刻地定义主体的东西），更多地体现在他反复出现的症状中，而不是他精心构思的期望或理想。相对于清醒状态，我们能在症状中找到更多的无意识。

再说回瑞秋。我的第二个想法是向她询问细节，还有许多其他看似无关紧要的特征。我总是告诉自己，问题的关键就在细节中，要想感受到来访者的亲身经历，就必须了解其困扰出现的具体背景：在什么场合下发生的？在一天中的什么时间发生的？是在工作中还是在家里发生的？如果是在家里发生的，那么是在哪个房间？是在独处时，还是在有人时，或是在想念某人时发生的？当她陷入沮丧时身体处于怎样的状态？

　　只有通过这些线索，我才能成功地从精神上将自己投射到瑞秋的内心中，去想象她被悲伤所折磨的场景，去感受她**有意识地**感受到的内容。于是，在心中想象她的痛苦，我就有机会获得更多线索，进一步感受到她**无意识的**感受。就好像我从症状的场景转换到了无意识幻想的场景——在我看来导致她悲伤的主要原因。事实上，正是因为深入到了这一无意识幻想的场景中，我才能明白，瑞秋的悲伤表面上反映了一种浸没在她无意识中的幻想。只有进入这种幻想，我才能最终掌握症状的含义并与她沟通这一含义。

　　因此，在实践中，精神分析师在倾听他的来访者诉说时，无论是在初始访谈还是在之后的会面中，都会不假思索地遵守与重复相关的两条规则。这两条规则反映的是了解来访者以及对来访者采取积极行动的两种方式。

　　一旦精神分析师建立起一系列病理学表现发生的

时间顺序，他就会从心理上进入来访者的内心世界，感受伤害对方的情绪并展现对方的无意识幻想（症状正是这种幻想的表现方式）。

- ❀ 第一条规则涉及**症状的初次出现及其重复**：任何症状都有自发地复发的趋势，而这种复发通常是由症状最初的出现所带来的强烈影响引起的。如果我们要将这条规则表述为供精神分析师使用的技术建议，我们会这样说：面对一切成人神经症时，先寻找儿童神经症，前者只是后者的重复表现。

- ❀ 第二条规则涉及**症状的含义**，具体内容是这样的：为了减轻症状，精神分析师需要找到一个含义，以便将其传达给来访者。要找到这一含义，就必须重现幻想——儿童时期的无意识幻想场景，也是症状发生的原因。根据这样的假设去重现场景，即假设某些症状场景中的细节也发生在幻想场景中，且来访者痛苦的经历——在瑞秋的例子中指她的慌乱不安，也会出现在幻想场景中。

我想强调这种关系：**来访者当前感受到的痛苦情绪是另一种情绪的复制品。后者虽然同样令人痛苦，但未被来访者察觉。其幻想场景是由该情绪主导的。**因此，当瑞秋谈到她哭泣时，我问了她这个问题："您在什么时候会哭？"她回答说："我工作的时候从来不会哭，但是晚上回到家就会。我会试着吃点东西，然后就只有一个想法，那就是赶紧上床。"就在这时，她向我透露了一个细节，而后这一细节也被证实是能揭露真相的，那就是她会将被子卷成球状，把头盖住，在黑暗里因为自己的孤单而哭泣。上床的匆忙和看似无关紧要的关于被子的细节已经让我感受到瑞秋痛苦时的感受，也让我在之后复原的无意识场景中再次寻找到了类似的退缩姿势。

我要补充一点：在上述场景中，我应该辨认出今天同样让瑞秋难以忍受的慌乱和不安，但是只有当我能感受到她有意识的感受，并进一步感受到在她的幻想中驱动主要角色的无意识情绪时，这样的猜想才能得到证实。具体来说，我首先应该体验她的悲伤经历，然后更进一步，体验一种被推测出来的且无意识的儿时的痛苦。说到这个问题，我恰好可以说明一下，在初始访谈中，瑞秋曾向我吐露，她因为早产在保温箱里待了很长一段时间，而她那卧床不起的母亲无法去看望她、抚摸她，将她抱在怀里。想到这令人心碎的分离，我明白了，当瑞秋迫不及待地想要上床，蜷缩在被子里时，其实她是需要被温暖、孤独甚至黑暗包围，以此来**重新体验**过去那种被遗弃的痛苦。然而，婴儿时期的瑞秋并没有感觉到这种被遗弃的痛苦，因为她并不成熟的意识还无法记录下这样强烈的痛苦。我作为精神分析师，也想要试着想象自己正在体验这一原始的、无意识的悲伤。

很显然这些情感认同并不是在我们第一次交谈时

发生的，而是在多次连续的会面过程中才出现的。

　　我们来概括一下。通过聚焦被子这一细节，我认同了被绝望折磨的瑞秋。从这一点出发，我又认同了婴儿时期的瑞秋遭受了被遗弃的心理创伤的假设。总之，为了构建幻想的场景并找到症状的含义，精神分析师必须完成两个心理动作：在介入的第一年，用纸和笔**从理论的角度重建**场景；之后，一旦治疗有所进展，就可以在某些恰当的会谈过程中，**从情感上认同**于来访者无意识的感受。当精神分析师从概念上重新构建了场景时，他就是在用他有意识的知识进行治疗；而当他捕捉到来访者无意识的情绪时，则是在用他无意识的知识进行治疗。在前一种情况下，他处于主动进行理论构建的位置；在后一种情况下，他因自己无意识的感知而处于主动、敏感地接收来访者无意识的位置。

　　当然，这样的尝试对于那些没有从事精神分析治疗工作的人来说很难接受。只有当精神分析师经验丰富，已经发展出能将他听到的叙述性内容视觉化和场景化的能力，且满足其他条件时，才有可能成功地感受到来访者无意识的情绪。如此一来，精神分析师不仅能直接从理智上重新构建幻想场景，还能从情感上去体验它。我经常说精神分析师就是让来访者心神不宁的那个幻想场景的导演。总之，我希望你们明白，**要寻找症状的含义**，不仅要调动智力，更重要的是调动无意识来感受来访者痛苦时的感受，成为他情感上的伙伴：先是有意识情感的伙伴，然后是无意识情感的伙伴。

总的来说，我面对瑞秋 ①，脑海中出现的第一个想法就是**临床**想法——它的目的是分析心理障碍的重复，以及其自出现起发生的次数。这就是我所说的症状的**时间重复**。我的第二个想法涉及寻找症状发生状况的细节和它所固有的经历，以重建最初的幻想场景。第

———————

① 经过了三年，瑞秋已经完成她的精神分析治疗。在我们反复重温她童年被遗弃的创伤后，她的症状有了明显的减轻。

二个想法是一种**元心理学**①想法，它的目的不是时间重复，而是幻想的**空间重复**——症状是无意识幻想场景的有意识复制品。同样，重复是在心理空间内部进行的——一些属于有意识空间的元素重复着属于无意识空间的元素。

　　在第 6 章，我们会通过两张示意图重新对**时间重复**和**空间重复**加以说明。

　　总而言之，从重复的角度来看，精神分析师有着双重视角。一方面他会向后看，回顾过去以寻找给来访者造成困扰的心理问题的故事节点；另一方面他会向前看，寻找来源于来访者的所有特征，从而在他想象的剧场里重现症状的场景，甚至是幻想的场景。在前一种情况下，精神分析师是定位和计数的**临床精神分析师**；在后一种情况下，他则是一位进行假设、想象和感受的**元心理学家**。

_____

① 元心理学指以心理学自身为对象的深层理论研究。——译者注

第2章

什么是重复

　　我经常做这样一个奇怪而又令人印象深刻的梦——有一个陌生的女人，我爱她，她也爱我。每一次，这个女人都不完全是同一个人，也不完全是另一个人，她爱我、懂我。

——P. 魏尔兰（P. Verlaine）

现在让我们暂时离开精神分析师的诊所，仔细思考一下广义上的重复。什么是重复？重复是指一种普遍的动作，一种支配生物、心理、社会甚至宇宙秩序的规律。我给出的重复的定义如下：重复是一个至少出现两次的连续动作，其中一个对象出现——此为第一次出现，然后消失，再出现——此为第二次出现。虽然可以辨认出始终是同一个对象，但是每次重复都略有不同。总而言之，重复是对再次出现且每次重现都有略微变化的同一事物的重复。

因此，这就像我们永远无法找到一个与复制原型完全相同的克隆体一样——原型就是事物第一次出现，而克隆则是第二次。我可以说，我们永远也找不到一个完美复制本体的克隆体。原因很简单：本体的时间先于克隆体的时间。先有本体，而后才有克隆体。虽然克隆体重复了复制原型，但这种重复是不完整的，因为时间的消耗决定了不会有绝对的一致。这是主导一切重复过程的三大法则中的第一个法则，即**相同与**

不同法则。即使相同，也永远无法与自己完全一致。当然重复的对象总是可以被辨别出来的，但在某些方面会有明显的差异。简单地说，重复是观察者在不同的时刻、变化的背景下，看到某一对象出现、消失、再出现，且每次都略有不同，却仍然能够辨认出该对象的轨迹的现象。

然而，要证明一个事物随着时间的推移经历了重复，仅仅观察它在变化的同时保持不变是不够的，还需要确认它在两次存在之间是不存在的。因此，重复的逻辑不仅仅由相同与不同法则来支配，还需要有第二个法则，即**存在与不存在的交替法则**。

现在我们要补充第三个法则，也是重复这一动作的重要条件——**计算重复次数的观察者的参与法则**。这是显而易见的，我们却经常忘记：没有观察者，就没有重复！为什么？因为重复实际上是经过深思熟虑后得出的结果。没有你，没有你计数的头脑，没有你有意识的统计，就没有重复。要有重复，就要有一个人有意识地辨别出一个事件，将它从不停歇的生命之流中提炼出来，并计算它重新出现的次数。换句话说，我们的思想将一个明显的事件**分离出来**，给它**命名**并**记录它再现的次数**。如此这般，我们便把一个简单的事件转化为了**能指**——这是拉康（Lacan）著作中的核心术语。什么是能指？能指是一切能够让我们以计数形式感知到的事件、存在或事物。虽然我的定义是正确的，但它还是过于笼统。

　　从精神分析的角度，我应该这样写：能指是主体一切无意识的表现，它能被主体本身或其他人计数。例如，当我统计瑞秋的连续症状发作次数时，**其实就是将症状发作转化为了能指**。每一次症状发作都代表了瑞秋在过去和未来症状发作组合中的无意识。正如拉康所说："一个能指代表其他能指的主体。"如果套用这句话，我会说：一次症状发作代表瑞秋在其他过去和未来症状发作中的无意识。这里应该对拉康的能

指概念作许多其他的考虑，但对我们来说最重要的是
要理解一个能指是如何在一系列重复的类似能指中构
成一个链条的。能指的特征是其总处于若干类似的能
指中，没有孤立的能指。更妙的是，没有不会重复的
能指。

再谈谈那个计算重复次数的观察者。虽然我们说
因为有一个清醒的观察者在统计连续出现的次数才有
了重复，但是观察者本人对从他思维中经过的重复是
一无所知的。

品读拉康 ○···○

我们的研究使我们认识到重复机制的原理源于我
们所说的能指链的持久性[1]。

——拉康

借助能指链的概念，拉康将弗洛伊德重复机制
（或重复的强迫性）的概念形式化了：能指链的每一个
环节都代表一个重复的事件。此外，重复是一连串的
能指，是能指链坚持不懈地展示难以表达的实在界①。

○···○

---

① 关于实在界：实在界与想象界、象征界是拉康定义的精神的三个
基本领域。想象界与形象和幻想有关。象征界也可以被翻译为符
号界，它和语言、结构、秩序有关，比如语言秩序和法律规则。
实在界则是一个不可想象、无法抵达的领域。精神分析工作正是
通过言说对无意识进行象征化转变的过程。——译者注

　　我想表达的是什么意思呢？对于重复，我们面临两种状况：要么我们在所处的一系列重复事件之外——在这种状况下我们是有意识的；要么我们在同一快乐或不快乐事件之中，在无知中被其玩弄，从而难以察觉到重复 ①——在这种状况下我们是无意识的。换句话说，要么我们边计数边置身于统计之外；要么我们盲目地随着难以抵抗的重复之流前进。然而，拉康思考得更深。他并不满足于观察到一个主体的思维中可能有被他忽略的重复，而是认为重复构成了主体的一部分。我想说的是他的欲望、生活和命运都受到了重复的影响。

　　以下是《拉康选集》中一段很有说服力的话，其中拉康提到了重复的象征性，并指出人类正是这种象

---

① 在某种情况下，我们既是占据我们的重复的演员，又是观众。这就是再现的情况。此外，当我们对本书内容做总结、回忆治疗性再现（即一种升华的重复形式）的现象时，我们会看到在重温创伤性情绪的那一刻，分析者（来访者）会是**重温创伤的主体**，同时也是**看到自己重温创伤的主体**。

征性的重复的产物："重复是一种象征性的重复，我们
要认识到象征界不是由人类创造的，相反，是象征界
构成了人类。"

第 3 章

"我重复，故我在"

　　我们可以为重复指定一个要实现的目标吗？它有
事先设定好的目标吗？有一位哲学家能够帮助我们清
楚地回答这个问题。斯宾诺莎（Spinoza）在他的著作
《伦理学》（第三部分）中试图将一切生命归结为一个
单一的基本趋势，即"一切生命都在存在中延续"的
趋势。我始终惊叹于这句格言，它是如此有力，用简
单的几个字阐述了生命是什么。

　　许多哲学家和科学家都试图定义生命。例如，有
些人说它是"对抗死亡的全部功能"，有些人说它是
"人们可以废除的东西"，还有一些人说它是"消耗自
我并产生废物的东西"，这些定义最终都强调了生命终
将消亡的性质。斯宾诺莎则持相反的立场。他尤其突
出了生命广阔的力量，认为生命保持着不减弱的势头，
能够跨越一切障碍。正如斯宾诺莎所说："生命是一种
力量，能够使事物在其存在中延续。"一切生命，仅仅
因为其存在的事实，就有继续存在的趋势，并通过所
有可能的方式努力地在存在中延续。在写这本书的时

候，我除了在自己的存在中延续，还在做什么呢？我时时刻刻都在选择努力活下去，有活下去的欲望。每天起床去做我该做的事情，其实就是在暗暗地对生命表示认同。但我不知道我每天对生命做出的这一回答能持续到何时，这是由我的身体决定的，而身体的背后是我的无意识。此刻，在我的两个指挥者——我的身体和我的无意识面前，我让自己变得非常渺小，满足于在存在中延续。

我今天写下了这些内容，明天还要再写几页，只要我的指挥者支持我，我就会在我的存在中延续，我会继续迈出我的步伐。

在存在中延续，或者说自我重复，并通过自我重复来维持个体的统一性，从而得到充分发展（也就是说尽可能地存在），并随着时间的推移巩固身份到底是什么意思呢？通过自我重复，我保留了我的过去，因为每次重现过去时，我都会更加适应它。我之所以能进步，是因为每次重复时，我都能在经验的指导下，增长知识学会正确看待事物。我之所以能巩固我的身份，是因为通过不断的重复，我能更加坚信昨天和今天的自己是一样的。用一句话总结，那就是**"我重复，故我在"**。那么重复的目的是什么呢？事实上，重复并没有它寻求实现的外部目标。它本质上是一种不可消除的趋势，除了始终保持一种力量，引导我们更好地成为我们自己，它别无其他目的。重复会对我们产生三个显著的作用：保持我们个体的统一性，最大限度地发挥我们的潜力，以及强化我们认为自己昨天和今天一样的感觉。

此外，重复也会产生三重有益的效果：**自我保存、自我发展**及**对自我身份的肯定**。重复使我们的人格得以建构，使我们安心，对我们有好处。在我写出上面这句话时，我想象着一位读者会提出反对意见，他会说："但我讨厌常规，我只向往一件事，那就是改变，要能够改变！我喜欢新鲜事物，而重复会让我厌倦。"

我会这样回答他："当然，我们都喜欢惊喜，喜欢新鲜的事物和各种新事物的诞生。没有比这更棒的了！我们都喜欢惊讶甚至张皇失措。有多少次我对来访者说，'现在，你已经被无聊的情绪压垮，你需要给自己一些惊喜！'毫无疑问，新鲜的想法使我们兴奋，但我请你稍微考虑一下在新鲜的乐趣和熟悉的舒适之间做一个选择。当然，这是一种被迫的抉择，实际上我们永远也不用如此抉择，因为旧的东西总是戴着新事物的面具出现。"

"没有什么东西是完全新鲜或完全不新鲜的。事实上，没有纯粹的新事物。我敢打赌你无法寻找到一个完全没有任何旧痕迹的新事物。然后，在新旧之间的较量中，最终获胜的总是旧的。我想说什么呢？虽然我们都会改变也会变老，但是在内心深处，无论我们多大年纪，我们始终有相同的感觉。我们内在的一致性是生命永恒的核心。旧事物往往会战胜时间带来的改变。尽管有数不清的改变影响了我，但本质上我在 6

个月时、2 岁时、40 岁时和 60 岁时都是一样的。我改
变了，但我又始终保持不变。很明显，这种对自己内
在保持一致的确定感让我放心，让我感觉很好。"

品读弗洛伊德 ⚬···⚬

　　孩子永远不会感到疲倦，直到不胜其扰的成年人拒绝再次玩那个曾经教孩子玩或和孩子一起玩的游戏。当我们给他讲了一个好玩的故事时，他想一遍又一遍地听同一个故事，而不是一个新故事——他固执地坚持重复。这与快乐原则并不矛盾。很明显，重复、寻找身份本身就构成了快乐的源泉。但是，在接受精神分析治疗的人身上，在移情中发生的对童年事件的强迫性重复被置于快乐原则之外和之上[2]。

——弗洛伊德

　　重复可以给我们带来快乐（如孩子乐于不知疲倦地找到他最喜欢的游戏），或者给我们带来痛苦（如经常经历同样的失败）。重复可控时是健康的，可以使我们的人格得到建构，令我们安心；而重复在具有强迫性且不可控时是病理性的，它会让我们痛苦。

⚬···⚬

我在前面写道："我重复，故我在"。现在我要将这种说法改为：**我就是我重复的样子**。这不是一个普通的文字游戏，这句话可以帮助我们更全面地理解重复在身份认同中所扮演的角色。

我在前面提出，通过自我重复，我们能够巩固"我是我自己"的内心感受。现在我想告诉你的是，我们的身份不仅是一种感觉，还是一个外在的实体、一种存在、一个事物或一个抽象的理想型。我们的身份既在我们的心中，也存在于我们之外。我来解释一下。例如，想象我是一名女性，我会说"我今天爱的男人和我20年前爱的男人出奇地相似，而且每个男人都重复了我6岁时的母亲"。我写的是"母亲"，而不是人们通常认为的"父亲"。我的经验告诉我，在一名女性选择男性伴侣时，母亲的影响比父亲的更有决定性。这和我们认为一名女性总是按照其对父亲的俄狄浦斯之爱选择伴侣的想法相反。这个想法往往是错误的！这一点需要强调。女性在选择她的男性伴侣时，倾向于重复对她母亲的前俄狄浦斯之爱，而不是对她父亲的俄狄浦斯之爱。[①] 当她选择自己的丈夫时，人们通常会发现其选择深处有母亲的影子，而父亲的影子则在表面。

这就好像她首先是在无意识的、未经思考的与母亲关系的影响下选择伴侣，然后才是受更表面的、与父亲关系的影响。这就是为什么伴侣可能会具有与父亲相似的这样或那样的外表特征，但将女性和男性结合起来的情感依恋本质上还是再现了对母亲的无意识的依恋。一名女性按照父亲或兄弟的特征选择了她的丈夫，之后，她在生活场景中发火时，也会将她在俄狄浦斯期或青春期时对母亲的怨恨转移到她的丈夫身上。我想给女性读者一个建议：想象一下那名与你共

---

① 弗洛伊德最早提出了俄狄浦斯期的概念。俄狄浦斯期又称恋父、恋母期，是孩子成长中的第三个阶段，其中男孩欲求的客体是母亲，女孩欲求的客体先是母亲，再是父亲。俄狄浦斯之爱是俄狄浦斯情结的一种。女孩和男孩在俄狄浦斯期之前对母亲和父亲的欲求被称为"前俄狄浦斯情结"。——编者注

同生活的男性，发自内心地问问自己，在你的爱与失
望的深处、你与他的结合中，难道不矛盾性地存在你
和你母亲之间那种最原始之爱和最令人痛苦的责备的
影子吗？正是这些通过冲动将你与母亲联系在一起。
总之，女性在与自己的丈夫相处时，会重复她们在童
年或青少年时期与母亲之间的情感冲突。

品读弗洛伊德 ◦⸱⸱⸱◦

人们总不免回到最初的爱人，这是纯粹的真理[3]。

——弗洛伊德

爱只是旧的特征的再现，是儿时反应的重复。任何爱都具有这种特性，没有童年时期的原型，爱是不存在的。儿时决定性的因素恰恰使爱具有强迫性和近乎病态的特征[4]。

——弗洛伊德

爱是儿时最初的爱的再现，因此其特点是来自无意识的一切事物都具有的强迫性。我相信爱是一种迫切的冲动，我们无法不爱。爱是一种生命的需要，我们必须不断地从一个客体身上得到满足，这个客体可以是人类、动物、理想，甚至是自己。重要的是爱！

我要马上说清楚的是，当我用"母亲"这个词的时候，指的不是你真正的母亲这个人，而是你内心对母亲形象的看法，是你心中的那个母亲。如果考虑到双胞胎姐妹的情况，那她们会各自对母亲产生完全不同的看法。我们每个人都不可避免地会想象一个与真实的母亲或父亲完全不同的形象，而这种虚构的形象在一位异性身上的投射最终决定了我们对伴侣的选择。我在本书开头提到，无意识是一种推动我们选择与自己共度一生的伴侣的力量，那正是因为我想到了在生活中的关键决定，我们投射在另一个人身上的幻想对我们有如此强大的影响。

因此，我们应该以两种截然不同而又互补的方式来理解身份。首先，我们的身份就是在每次重复中得以巩固的"做我自己"的感觉。其次，我们的身份同样存在于我们之外，存在于与我们共度一生的男性或女性身上。他或她也是我们的身份，因此，我们的无意识会在他或她身上得以体现。总而言之，**我们的无**

意识同样存在于我们在情感上依赖的另一个人身上。
在这里，有关自身之外的身份，我想强调一点。我们的身份不仅存在于现任伴侣的整个人身上，也存在于他或她的特征之中。然而，我们所爱的人的特征同样存在于自我们出生以来我们爱的所有人的身上。我们爱着他人，却不知道我们今天的爱人与昨天的爱人有共同的特征，而我们的亲人，比如父亲或母亲，他们身上也有这种共同的特征。事实上，当我们新结识一个人时，我们常常会惊讶地发现他带有以前我们所爱和欲望之人的印记。这种印记，比如一个独特的微笑，会在第一个人、第二个人以及我们的故事中所有其他人的身上延续和重复。这个印记是一种特征，这种特征其实就代表我们自己。

是的，我们是一生中所爱与失去的客体的共同特征。同样，**我爱你，不是因为你，而是因为在你身上有我的一部分**。那么"我"是谁呢？我是你脸庞上闪耀的微笑。我的身份不仅仅是做我自己的感觉，它也体现为与我共度一生的男性或女性身上闪耀着的那部分的我。这就是我的身份所在，因此，这也正是我的无意识体现的地方。

为了总结我对身份与重复的思考，我想引用笛卡儿（Descartes）的一个出人意料的观点，它支持了我们的一个论点，即我们在无意识中依恋着某个特征："我们爱我们所爱之人，不是因为他是什么，而是因为他具有某种特质，在我们看来令人向往。"现在让我们来听一听这位哲学家向我们吐露的秘密：

"当我还是个孩子的时候，我爱上了一个和我一样大的女孩，她是对眼。当我看着她迷茫的眼神时，我感觉心中升起了爱的情感。很长时间之后，当我再看到那些对眼的人时，仅仅因为他们有这个缺陷，我都会比别人更爱他们，而我却不知道这究竟出于什么原因。因此，当我们爱一个人时，哪怕不知道原因，也**应该知道他身上有一种与我们以前爱过的客体身上相**

似的东西，尽管我们也不知道这种东西是什么。"（1647
年 6 月 6 日给查努特〈Chanut〉的信）。当我读到这段
话时，我被这一早于我们三个多世纪的想法的现代性
震撼了！同样令我震惊的还有现今精神分析思考之古
老，就好像思想的发展和重复不受时间的制约。但无
论是笛卡儿还是 21 世纪的精神分析学家，在探寻爱情
的构成时，都不会忘记爱情的本质和伴侣的选择将永
远是一个猜不透的谜。

　　在本章的结尾，我想再次强调两句话："**我重复，
故我在**"和"**我就是我重复的样子**"。这两句话很好地
定义了重复在身份形成中的作用。前一句话表示，身
份是做自己的感觉；后一句话表示，身份是生活中的
人、事物甚至理想型的总和。

第 4 章

过去的三种再现方式

　　我们刚刚定义了重复，明确了它的有益影响，在详细讨论了身份与重复的关系后，我们得出了身份的双重定义，即对自己的内心感受和自我向外部世界的延伸。现在我想回答一个问题，那就是了解我们身上的什么在重复，这种重复的目的是什么。我们首先可以确认的是，我们身上重复的事物就是已经发生的事情——我们的过去，一种不断以三种形式回到现在的过去。其实我们可以辨别过去的三种再现模式：在**意识**中、在**健康行为**中及在**病理性行为**中再现。

　　后两种模式涉及**在行为中再现过去**，在精神分析中我们称之为**重复**。还要补充一点，对我们而言，**重复**始终是**无意识的**。事实上，即使行为明显地被完成它的主体有意识地感知到，引起它的原因也仍然是未知的。这就是为什么"无意识的重复"指的是由无意识的原因引起的重复。

　　上文提到的第一种再现模式是最普遍的一种，也就是我们所说的过去的有意识的再现。回忆中过去经历的再现就属于这种情况。回忆通常是视觉图像，但也可以是听觉、触觉、嗅觉甚至是味觉印象，就像著名的玛德琳蛋糕将普鲁斯特（Proust）重新带回到他童年时的甜蜜记忆中那样。这种过去的有意识的再现就是**再忆**。在讨论其他的过去再现的形式——我们行为中的再现或者说**重复**之前，我想先讨论一下我们以回忆的形式所再现的过去，其性质如何？

　　我们的过去，就是我们真正经历的过去的真实情况吗？当然不是。记忆总是充满想象且不真实的。再现于意识中的过去只是反映了一个遥远的、永远失去了的现实—— 一个我们能抓住，但不可避免地会被当前的感知过滤、扭曲的现实。这就是为什么我们对过去的记忆只是虚幻、重建且变形的结果。例如，当我们想到儿时住过的房子时，我们必然会想象它很大；而如果我们回到那里，我们会失望地发现它是如此之小。当少小离家老大归时，房屋已经不再是离人心中

的样子。因此，现在的记忆就像一个扭曲过去的镜头
一样。任何记忆都必然是对过去事实重新进行主观诠
释的结果，而不再是对它准确的回忆。因此，过去是
根据我们当下的感知被重新塑造的。

现在来看看我称之为**重复**的再现模式。过去不再
以回忆的形式，而以主体的经历、行为或关键选择的
形式再现。主体不知道是自己的过去通过自我重复，
引导自己做出某种决定或实施某种行为。因此，我的
过去不再通过有意识的回忆再现，而是沉淀在了我生
命中的主要行为中，当时我认为这些行为是经过深思
熟虑的或偶然的，但实际上是对急于再现的过去的重
复。是的，我们主要的行为，比如选择我们的伴侣、
要从事的职业，或生活的地方，都是决定性的选择，
在我们不知情的情况下，这些选择将过去反映在了当
下的现实中。然而，既然在我们人生的重要时刻，过
去每一次在行为中的再现都是对存在的添加，是在构
成我们人格基础的那些基层上增加的新的一层，并且

这新的一层又与之前的那些层融为了一体，那么我们是什么，我们今天的自我是什么呢？我们不就是那些包含强烈情感和烦恼的通过行为再现的过去层层沉淀的结果吗？毫无疑问，我们所有的过去一直都跟随着我们——所有自我们第一次苏醒以来，甚至在那之前就感受到的、想到的、想要的过去，都在对当下起着作用。

品读弗洛伊德 ○━━━━━━━━━━━━━━━━━○

　　我们来举两个例子。第一个例子：来访者并没有说他记得曾对父母的权威表现得无礼和怀疑，但他对精神分析师是这样表现的。第二个例子：当精神分析师请来访者讲述他所想的一切，而精神分析师也期望他提供大量信息时，常常会发现他无话可说。他保持沉默，假装什么都没有想到……这种态度能够阻抗记忆的出现。如果他继续采用同样的治疗方式，那么他是无法摆脱这种强迫性重复的；而人们最终会明白这正是（在他的行为中）他的记忆方式。

　　我们很快就会观察到，移情本身只是重复的一个片段，而重复是对被遗忘过去的移情[5]。

——弗洛伊德

　　弗洛伊德为我们提供了两个移情的例子，其中被压抑的东西在行为中重现。在第一个例子中，来访者对精神分析师表现出无礼的态度，且不记得他曾经是一个对父母无礼的孩子。在第二个例子中，来访者告诉他的精神分析师他无话可说，却不记得当他还是个孩子时，他希望通过表现得顺从和沉默来吸引他的父亲。在这两个例子中，来访者不记得被压抑的事实，却将它在分析场景中表现出来了。就这样，重复在行动中上演了！

通过行为再现的过去塑造了我们。是的，现在的我们，在时间正在流逝的这一刻，就是对我们过去的最大程度的重复。在对你们——读者们说话的这一刻，我就是曾经的自己、我所经历的所有快乐和艰难考验的结果。就像那首著名的歌曲《不，我无怨无悔！》（*Non, je ne regretterien!*）中唱到的一样，我会说，我所经历的一切让我成了今天在你们面前和我自己面前的我。总之，我们是体现在当下的过去，或者说，我们是自己**体现在当下的无意识**。这种无意识不独立于我们身外，而是在我们的内心中，集中于我们刚刚完成的显著行为的此时此地。当伊迪丝·琵雅芙（Édith Piaf）唱着"不，没什么；不，我一点都不后悔"时，她不是一个在哀叹，想让过去重来一次的神经症患者。相反，她是一个对她的过去感到自豪的主体，尽管也曾经历坎坷，但这一主体仍然能与自己和谐相处，或者说与她自己的无意识和平相处。

内心平静的主体能接受，甚至喜爱塑造自己的无意识；而内心慌乱，被过往折磨的神经症主体，则试图与自己的无意识做斗争，他们对无意识感到恐惧，因为它做出的决定或采取的行动往往会导致同样的失败和同样的错误。

因此，我们那包含强烈情感和困扰并受到**压抑**的过去会在健康行为中再现。而**在病理性行为中再现的过去**不仅让人烦恼，还曾给人带来**创伤**。我想补充的是，创伤性的过去是**被排除**和**被压抑**的过去。我会在下一章解释"排除"（forclos）一词。现在，我们假设前一种形式的重复行为是一种无意识的重复，我们将它比作生冲动，能够使存在得到延续；后一种形式的重复行为是创伤性过去的再现，是无意识在当下强烈的再现，我们将它比作死冲动，与生冲动相反，它会将生命压制到创伤的核心。生冲动使人聚合、接纳并成长，死冲动则令人分离、孤立，让人进入最紧缩和痛苦的状态。①

当无意识作为生冲动浮现到自我的表面时，强大的过去自然而然就融入现在的行动，与生命合而为一，并经常通过创造性的行动表现出来。当无意识作为死冲动匆忙出现在粗暴、强迫性的行动中时，强大的过去会动摇现在，破坏我们的稳定。在无意识是生冲动的情况下，它是一个令人困扰、**被压抑**的过去，等待着再次出现的时机。在无意识是死冲动的情况下，它是一个创伤性的过去，**在被压抑**前就已经**被排除**了。这样的过去只急于完成一件事情，那就是通过粗暴地穿透自我的外壳重复地表达自己，最终导致症状出现

---

① 　生冲动和死冲动：生冲动和死冲动是弗洛伊德定义的一对基本冲动。生冲动倾向于持续建构和扩大统一体，并趋向于保存它。生冲动包括性冲动和自保冲动，是一种连接、聚合、扩大的冲动。死冲动是与生冲动对立的，它倾向于把生命体引向无生命的状态。它首先是朝向内部的，有自我毁灭的倾向，然后又会朝向外部，表现为攻击或毁灭的冲动。死冲动是一种瓦解、分裂的冲动。——译者注

或行动宣泄。我提前说一说下一章会提到的内容，那就是创伤，也是创伤性情绪的同义词。一个人一旦经历了创伤，并排除和压抑它，那么创伤就只会迫不及待地做一件事情——被重温、重温、再重温。自相矛盾的是，创伤会让人上瘾，**创伤呼唤更多的创伤**。

品读弗洛伊德 ○..○

我们可以说，在这里（在移情关系中），被分析者对他遗忘的和被压抑的东西没有任何记忆，只是将其转化为行动。被遗忘的事实不是以记忆的形式重新出现，而是以行动的形式。被分析者重复这个动作，但很显然他本人并不知道这是重复[6]。

——弗洛伊德

来访者无法记住他身上被压抑的一切，可能也无法记住具体的重要部分。他不得不将被压抑的内容重复转化为当下（的移情关系中）的体验，而不是回想起过去的片段，虽然精神分析师更偏爱后者[7]。

——弗洛伊德

被遗忘的事件可以以回忆的形式回到意识中。如果事件已经被遗忘，并被强烈压抑，那么它会以情绪或行为的形式重新出现，而主体并不知道他的行为是被压抑的事件转化为行动的结果。这时主休并没有回想起被遗忘的事件，而是将其被压抑的过去行动化。

在上面的引文中，弗洛伊德不加区别地使用了
"被遗忘的"和"被压抑的"这两个词。但是，我们认
为最好还是将这两个词加以区分。被遗忘的事件会从
前意识上升到意识，而被压抑的事件在主体经历了巨
大压力后，会从无意识中涌现并使主体付诸行动。意
识对被遗忘事件的回归没有抵抗力，但它坚决地反对
被压抑事件的回归。

总而言之，我们可以对过去的三种再现作以下区分：

> **过去的三种再现**
>
> ❀ **再忆**是被遗忘的过去在意识中的再现。
>
> ❀ **健康的重复**是令人困扰的和被压抑的过去在行为中的再现。
>
> ❀ **病理性重复**是创伤性的、被排除和压抑的过去在我们的症状和行动宣泄中的强迫性再现。

我们接下来要讲的正是导致许多来访者前来咨询的具有强迫性的病理性重复。

第 5 章

创伤性过去的强迫性再现

无意识的不安不想被记起，但希望再现。来访者想将他的激情行动化。

—— 弗洛伊德

那么什么是病理性重复呢？我可以修改前面给出的重复的一般定义，从而给出这个问题的答案：**病理性重复是一个至少出现三次**（而不是两次，因为它是顽固且具有强迫性的）**的连续动作，儿时的强烈和被压抑的情感出现，然后消失，再出现，并在多年后，在成年时期通过症状和行动宣泄的模式再次出现，成为令人困扰的经历。**但这种不断再现、始终相似的创伤性过去是什么呢？这种急于侵入当下并造成痛苦的儿时情绪的性质是什么呢？

品读弗洛伊德

在精神生活中确实存在一种强迫性重复，它超越了快乐的原则[8]。

——弗洛伊德

在我们看来，强迫性重复比快乐的原则更原始、更基本、更具有冲动性[9]。

——弗洛伊德

在精神生活中有一种力量，比我们寻求快乐和避免不快的本性更为强大。这种力量被称为强迫性重复。被压抑的内容试图将自己外化成症状或行动，它的驱动力是一种比寻求快乐更不可抗拒的力量。

确切地说，病理性重复像"阴魂"一样附身主体，它们是主体在童年或青春期，在半实在、半想象的，带有性的色彩的侵略性或悲伤的创伤性阶段中，作为受害者、间接参与者或证人（主体感觉自己处于事件的中心），经历的一种激烈而暴力的情绪。这种在被儿童或青少年压抑前就将其击垮的情绪不是纯粹的情绪。我们不能简单地说"孩子被虐待"，或者"孩子被遗弃"。所有这些说法虽然是正确的，却没有说出孩子的真实感受，以及事情发生时使他震惊的情感打击是什么。令人震惊的儿时情绪实际上是极端和矛盾情绪的结合，是**被虐待**的儿童所经历的恐惧、痛苦、仇恨及某些情况下的快乐等极端情绪的混合体；又或是**被遗弃**的儿童所经历的恐惧、悲伤甚至仇恨等情绪的混合体。

现在，我用拉康的"享乐"① 一词来说明每一种极

_____

① 关于"享乐"的概念可参考导读中的解释。——编者注

端情绪。什么是享乐？在这部关于重复的作品的背景下，我这样定义它：**享乐是遭受心理创伤的孩子所经历的激烈、暴力与矛盾情绪的固化。这些情绪没能被孩子尚未成熟的意识记住且由于恐惧而变得模糊不清。因此，享乐是经历过但没有得到有意识的表象** [①] **化的情绪混合体，受创伤的自我没能清晰地感受并领悟这些情绪。**"我说不出我经历了怎样的感受和情绪"，一位来访者在回忆自己的创伤性经历时说道，"我当时什么都不懂，我麻痹了、颤抖着、心脏扑通扑通地跳动着。"这种在不知不觉中经历了过强的情绪又无法赋予其象征意义的奇怪现象，我将它称作**排除的发作**。事实上，受到精神创伤的孩子排除了享乐：他能够在身体里感受到享乐，但在头脑中无法表象化这种体验。

---

① 表象，也叫心理图像，是指基于知觉在头脑内形成的感性形象。——译者注

品读弗洛伊德 ⸱⸱⸱

被压抑的内容（幻想的创伤性场景）现在被排斥在法则外，被排斥在自我的强大组织外，并且只服从于支配无意识领域的法则（强迫性重复法则）[10]。

——弗洛伊德

任何被排除和压抑、在无意识中孤立和游荡的享乐都想以行动或症状的形式强迫性地将自己外化在主体的生活中。换句话说：任何强迫性的重复都一定是由迫不及待地想要展现自己的享乐所触发的。没有象征意义和心理表象的享乐就像一匹失控的马，只有精神分析师恰当的话语才能使它平静下来。从精神分析师为症状找到意义的那一刻起，也就是从向他的分析者揭示通过症状表现出来的幻想场景开始，享乐就融入了自我、平静下来、停止重复，症状也就消失了。

受到精神创伤的孩子就像患上了情绪失认症一样，
也就是说他无法辨别自己感知到的情绪和感受，他能
感知到这些情绪和感受，但没有在心理层面表现出来。
然而，正是这种将享乐排斥在表象世界和象征世界之
外的做法，使享乐比以往任何时候都更加坚定地重现，
也比以往任何时候都更加致命。同样，这种无法被儿
童象征化的、强烈的享乐变成了一种难以抑制的情绪，
使儿童在成年后的身体中无数次产生强烈的紧张感。
刚才我写到"创伤呼唤创伤"，现在我对它的解释是：
享乐呼唤更多的享乐。我想再次提出为何享乐具有强
迫性特征的问题，并用概括的方法做出回答。

**为什么一名成年主体会在不知不觉中重复与他童
年所遭受过的创伤一样痛苦的经历，而按照常理我
们认为它应该被遗忘？为什么享乐会强迫性地想要
重现？**

我们有四种可能且互补的回答：我将从象征角度、

经济学角度、临床角度及产生角度做出回答。

首先是**象征角度**。享乐的强迫性重复的原因可以用五个字来概括：**缺乏象征化**。拉康提出"**被象征界排斥的东西会在实在界中重新出现**"。换句话说，被象征界排斥的享乐会强迫性地出现在一种不受控制的行为的实在界中。是的，这是享乐的非象征化，也就是说它的排除。它不经过意识的表象化，因此它不会融入儿童的自我中——这正是它坚持自我重复的根源。

任何强烈的情感，如果不能通过表象化的过程扎根在意识中，一旦被归入无意识，则会成为孤立状态，也就是说与所有其他相互连接的无意识表象隔绝开来。正是这种孤立、这种分隔将享乐局限于自身，并阻碍其将过度的压力释放到其他表象中。因此，享乐就像惊慌失措的火球一样在无意识中飘荡，寻找哪怕一丝的机会浮出表面并再次点燃身体。享乐**在年幼的身体中诞生，并想在成年人的身体中得到重生**。

接下来，我们还要给出**另一个象征角度**的回答。

由于享乐并未与某个表象相联系，因此我们可以假设它强迫性重复的倾向实际上是它对所缺乏的表象的追寻。事实上，由它引起的反复出现的症状或无法预见的行为可以被认为是一种信号，就像对一个能为其命名，能为它找到表象以及最终能安抚它的人发出的召唤。确实，象征化可以抚慰享乐，因为它能将享乐整合到所有的普通情绪中使其"社会化"。

现在我们来说一说**经济学角度**。婴儿时期的创伤性享乐是孤立且过度紧张的，它急匆匆地想要重新出现，就像一个能量释放阀。最初的享乐会重复出现，只要它的过度紧张未得到缓解，它就会继续重复。

临床角度关注的重心是焦虑问题。事实上，在创伤性时期中，儿童突然遭受的严重侵犯和大规模侵略使他来不及焦虑，也来不及逃离危险，保护自己。简言之，本应让儿童害怕危险并为之做好准备的焦虑情绪缺席了。遭受了儿时创伤的成年主体试图（尤其是在他的噩梦中）找到一种类似的危险情况并重新体验，但希望这次能感受到焦虑。此外，主体还试图将恐惧转化为焦虑。

最后一个是**产生角度**。从他最早期的作品开始，弗洛伊德就认为受到创伤的主体仍然固着于他的创伤所带来的不健康的满足性体验。这就好像受到侵犯的孩子在他的无意识中烙下了错误的应对刺激的机制。

此外，除了在创伤期间经历的粗暴方式，一些成年主体没有其他的满足模式。因此有些男性和女性之所以来咨询我们，是因为他们无法停止追求他们在童年时期遭受创伤期间所经历的混杂着痛苦的快感——也就是享乐。因此，病理性重复的原因可以解释为**排他的和不健康的满足模式施加的不可抗拒的吸引力。**

总之，享乐为什么想要强迫性地重新出现？因为它希望被命名、被释放、被焦虑补充完整，最重要的是，因为它的本质就是保持享乐。实际上，无论它是渴望被命名、被释放还是通过焦虑得到缓和，所有这些都只是我们赋予它的意图。

实际上，**享乐什么都不需要，它不想改变任何东西**。它固执地继续着它的运动并保持原样。

品读弗洛伊德 ◦┄┄┄┄┄┄┄┄┄┄┄┄┄┄┄┄┄┄┄┄◦

　　有些人给人的印象是恶魔般的命运在折磨他们，而精神分析从一开始就认为这样的命运在很大程度上是主体本身导致的[11]。

——弗洛伊德

　　有些人终其一生都在重复同样有害的反应而没有纠正它们，似乎他们在被无情的命运所折磨，而研究表明他们才是自己不幸的制造者，尽管他们本人并不知情。于是我们认为强迫性重复具有令人痛苦的特征[12]。

——弗洛伊德

　　在经历了一系列不幸的事件后，主体会认为自己是厄运的受害者；而事实上，是他自己在毫不知情的情况下导致不幸的事情接连发生。这一主体不知道的是，在每一次命运的转折中，他都在以失败行为的形式强迫性地重演一个儿时的幻想。

◦┄┄┄┄┄┄┄┄┄┄┄┄┄┄┄┄┄┄┄┄┄┄┄┄┄┄┄┄┄◦

在继续我们的讨论之前，我想重申一下享乐的各
个阶段产生的顺序：

* 儿童的**心理创伤**发生，即突然出现于儿时自我
  中的兴奋，由于儿童的自我太弱而无法阻止兴
  奋的大量涌入。
* 我们称为**享乐**的情感混合体剧烈地侵入儿童。
* 享乐的排除或缺乏象征化。
* 在创伤发生的那一刻**压抑**无法承受的享乐，也
  就是拒绝通过意识获得认知。
* 一旦享乐进入无意识，会被压抑好几年。
* 在这个被压抑、孤立和漂泊的时期，享乐会搅
  动、发酵且只渴望一件事：冲出表面并在成年
  人的身体中爆炸。

然而，受过心理创伤的孩子没有成功地为他所经
历的事情构造一个**象征性表象**，他在无意识中，用想
象性表象塑造了享乐，想象性表象比原本应该产生的

意识的观念表象要简单。在缺乏有意识的表象的情况下，享乐被包裹在**戏剧化无意识表象**中，弗洛伊德称之为"物表象"。因此，被压抑的享乐被包裹在一个固定的场景中，我称之为**"幻想场景"**。这是什么样的场景？这是一个勉强勾勒出来的场景，轮廓模糊、充满压力，在无意识中漂流并迫不及待地要表现出来；这是一幅非常模糊的画面，由两个或三个摆出动作的人物组成，或者有时候是一幅画的一部分、一个特写镜头，我们看到其中一个人物身体的一部分抱着另一个人物身体的一部分。这是从伯纳德（Bernard）的故事中提取的简短的一部分，你将在第9章读到这个故事。

品读弗洛伊德 ○··○

　　我们刚刚说过，被分析者在阻抗的情况下会重复过去而不会回想起过去。但他重复的或者付诸行动的具体对象是什么呢？他重复一切来源于被压抑事物（幻想）的、已经渗透到了他的整个人格中的内容[13]。

——弗洛伊德

　　重复的对象是儿时的幻想，其中充斥着被排除和压抑的享乐；是一种被孤立在无意识中的幻想，急于突破封锁，以症状、矛盾的行为或糟糕的选择的形式闯入主体的生活。

○··○

　　小时候，伯纳德目睹了父母之间激烈甚至血腥的冲突，面对眼前的场景，他模糊地感受到了**惊愕**，感受到了母亲被殴打时的**恐惧**和**痛苦**，对残暴父亲的**愤怒**及自己处在中间的**无能为力**。这个小男孩只会在他的无意识中保留他母亲纤细的脖子被大声叫喊着的父亲紧紧束缚住的定格的画面。

　　我们再来看另一个例子。这是一个还未到青春期的小女孩，她是猥亵的受害者，她的无意识只会留下对被猥亵场景的短暂的印象，这引起了她充满**恐惧**、**恶心**以及快感等复杂情绪的混合情感。在这个例子中，这是一个以触觉为特征的画面，这个场景会飘浮在她儿童时期、青少年时期及成年时期的无意识中。我说的是"会飘浮在无意识中"而不是"会出现在意识中"。为了使她意识到这种充满复杂混合情感的触觉画面，精神分析师需要进行分析工作，与来访者建立一种信任的移情关系，使她重新体验儿次创伤性的享乐，以此来成功地将它消除。

　　我们会在后面详细介绍伯纳德在治疗中重新体验其创伤性情绪的方式。虽然很难承认，但将享乐定格并戏剧化的视觉、听觉、触觉或嗅觉场景是在无意识中飘荡的，而主体无法有意识地表象化它。**受过创伤的孩子将终生受到干扰，并受到这种他看不到的有害场景的侵害，而这种场景又会支配他的行为和强迫性的选择。**

　　我将这种戏剧化的享乐的表象，这种情绪化的表意性动作称为"无意识的幻想场景[①]"。我认为它是难以抑制的，它不断试图通过一种症状或者一种冒失的行动来表现自己。

---

① **幻想场景**是受过心理创伤的儿童或青少年在无意识中留下的痕迹，这些儿童或青少年曾经是虐待或遗弃的受害者，或曾想象自己是受害者。又或者，其一生都会经常受到微创伤。

前面我已经说过，享乐是会自我重复的。现在我要补充一点：自我重复的是被幻想转化和包裹的享乐。因此，当我说重复自身的对象是"同一个""享乐"或"无意识的幻想"时，其实我说的完全是同一个意思。但考虑到临床的实际情况，最有成效的表述应该是这样的：重复自身的同一个体验不断地出现、消失，然后强迫性地再现，就像精神疾病一样，它是一种漂泊在无意识中的**幻想**。这样我们就更加清楚了。不要将仍在重复的创伤性过去与已经结束的过去混为一谈，后者是包含快乐和不快乐的遥远的过去，其主体可能会，也可能不会记住这些事。我们感兴趣的是健康重复情况下的令人困扰和压抑的过去，以及病态性重复情况下的创伤性过去。然而，精神分析师在日常实践过程中，经常会遇到一些来访者，他们并没有严重的神经症，但也由于追溯了**短暂的**创伤性过去而经历了症状发作时期。

　　这里我们要记住的是，**遗忘**并不是**压抑**的代名词。我可以再忆被遗忘的过去，但只能行动化被压抑的过去（健康的重复）或创伤性的过去（病理性重复）。创伤性的过去是一种蕴含过度兴奋的无意识幻想的过去，它迫不及待地表现自己，以强迫性表现的形式反复出现在自我的表面。

　　我们明白了病理性重复的对象是一种无意识的幻想，但它是如何重复的呢？这是一个在时间维度上和内在心理空间中的双重重复。在时间维度上，我们看到症状的重复出现；在内在心理空间中，我们看到相同的症状重复着无意识幻想，这些症状也在自我的表面反映了无意识幻想（见下一章的图 6-1 及图 6-2）。这就是为什么我一开始就告诉你，当精神分析师发现自己面对的是精神病理障碍时，他必须自动识别该障碍随着时间的推移重复的次数，并构建障碍背后的无意识幻想场景。

　　精神分析师首先必须通过理性思考和直觉感知重建一个场景，随后引导他的来访者从情感上重新体验这个场景。我们将通过伯纳德的临床案例更详细地讨论这一点。

CHAPTER 6

第6章

病理性重复的两种形态

时间重复是一连串沿着时间线接连发生的拓比重复。

——简-大卫·纳索

　　是时候深入研究病理性重复的两种形态——时间重复与拓比（topique）①重复了。症状的**时间重复**是一种可以定位且可计数的重复：来访者忍受着这种重复，计算着它的次数并告诉精神分析师。例如，伊莎贝尔在她的初始访谈中，天真地描述了她对虐待性关系上瘾的时刻：

　　"在我 10 岁到 14 岁期间，我与一个男孩有过一段不正常的亲密关系。然后我在 25 岁时遇到了一个男人，他与我的关系是施受虐性质的。现在，15 年过去了，就在我以为这件事已经翻篇了的时候，我再次陷入相同的怪癖问题中。我最近遇到了一个男人，我再一次进入了施受虐的关系。我感觉很迷茫，不知道该怎么办。"

---

① 拓比学来源于哲学传统，这里的"拓比"（topique）是引用弗洛伊德作为神经科医生所使用的术语，表示"精神的地点或方位"，也作形容词。——译者注

这里我们可以看到来访者是如何本能地计算她症状的时间重复的。此外，我一定要向你指出，伊莎贝尔的这段叙述非常具有说服力地表明了享乐的起源及其强迫性的再现。我们可以想象，在她青春期的不健康关系中，她不是突然性的一次粗暴创伤的受害者，而是一系列经常性的微创伤的受害者。

事实上，精神创伤并不一定是突然且暴力的侵入所致，它可以在相当长的一段时间内逐渐而微妙地发生。但无论创伤是粗暴的侵入所致还是一连串缓慢而隐蔽的微创伤，都可以用一个基本的原则来定义它：一个过于弱小的主体承受了过多的兴奋，以至于无法缓和。我要说明的是，无论心理创伤是瞬间的还是累积的，它总是会导致象征意义的缺乏，以及令未成熟主体（在伊莎贝尔的故事中，指的是一个进入青春期前的孩子）经历对享乐的排除。无论象征意义的缺乏是在突然性创伤的情况下，以**排除发作**的形式展现的，还是在长期性创伤（经常性的微创伤）的情况下，以

排除浸透的形式出现的，主体都会对享乐进行排除并表现出相关的症状，比如强迫性行为。此外，在伊莎贝尔的故事中，过去创伤的享乐在两次施受虐的经历中强迫性地再现。

回到我们的主题，与时间重复不同的是，**空间重复**无法由来访者辨别出来，而需要由精神分析师推断出来。这是一种内在的、位于心灵深处的重复，我们也称之为**拓比重复**。为什么是拓比？拓比一词来源于"topos"，意思是"地方"。这是弗洛伊德用来指精神机制的两个连续步骤的词。第一个拓比是无意识、前意识和意识；第二个拓比是本我、自我和超我。确切地说，我将"拓比"称为发生在无意识和意识这两个层面之间的重复。我们的来访者有意识地体验到的症状或行动宣泄会重复并叠加于被封闭在无意识中的幻想场景。我要补充一点，那就是拓比重复也可以被看作因果重复，因为我们忍受的症状是无意识场景中有害力量的结果。

　　最后，我知道在我向你提出拓比重复的概念时，其实是将你引入了元心理学的抽象领域，但我还是坚持想向你展示当我们关注来访者的无意识时，应当如何进行思考。

　　现在我想通过一幅图来表示时间重复和拓比重复的动作。现在我们先来看图 6-1。我们看到重复有两个固有的运动：一是**水平时间重复**的轨迹，其中再发的症状依次出现、消失、重新出现；二是**垂直拓比重复**的轨迹，其中无意识的幻想场景上升，并以症状或行动宣泄的形式强迫性地表现。我们用一个从左到右的轴来表示**水平运动**，这条轴上会显示症状出现的不同场合，表示为症状 ^{1}、症状 ^{2}……症状 ^{n}，也就是指无意识的幻想场景表现出来的所有场合。相应地，我们用一个从下到上的轴来表示**垂直运动**，象征无意识的幻想场景强迫性上升及其症状的表现。此外，幻想场景分为潜在的和外显的：潜在的幻想场景是指该场景被压抑了；外显的幻想场景是指该场景以来访者自述的心理障碍形式出现。

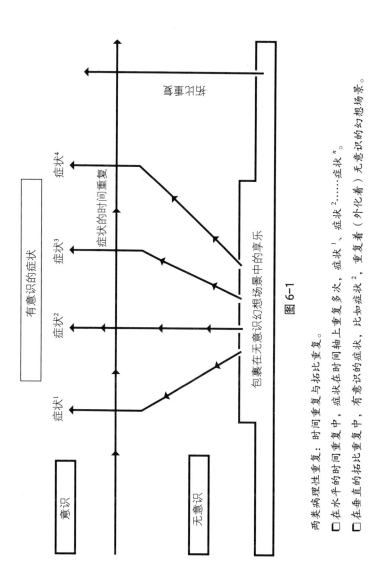

图 6-1

两类病理性重复：时间重复与拓比重复。

□ 在水平的时间重复中，症状在时间轴上重复多次。

□ 在垂直的拓比重复中，有意识的症状，比如症状 ²，重复着（外化着）无意识的幻想场景。

　　我提到拓比重复时，我指的是在被压抑的幻想和
其表达的症状中，存在同样的享乐、同样的情感，只
是在幻想中它是无意识的、没有被感觉到的，而在症
状中它是有意识且能被感觉到的。这种幻想和症状共
有的享乐核心在图 6-2 中用字母ⓐ标记出来了。

　　如你所见，图 6-2 对图 6-1 做了补充，不仅表明了
幻想与症状包含了共同的享乐ⓐ，还说明了单个无意
识的幻想会以气球的形式浮现到意识表面，形成症状[1]、
症状[2]……症状[n]，象征着一种症状的连续出现。症状
永远不会以相同的方式重复。这就是为什么我画了好
几次同一个气球，却在上面装饰了一些有区别的小记
号，用来表明它每次出现时都是基本相同的，但又具
有细微的差别。

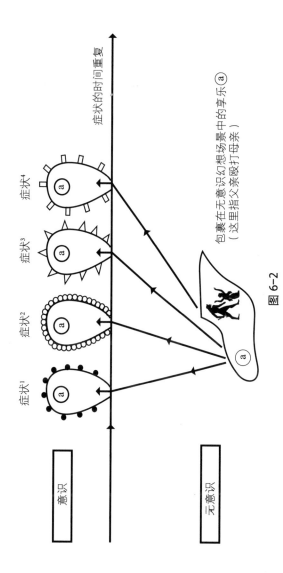

图6-2

症状¹……症状ⁿ象征一种症状的连续出现，它的每一次出现都略有不同。每一个气球同时也是无意识幻想场景的有意识表现。字母ⓐ表示包裹在无意识幻想场景中的享乐，而同样的享乐在意识中也是症状所固有的。

包裹在无意识幻想场景中的享乐ⓐ
（这里指父亲殴打母亲）

以上是我对两种重复做出的区分：时间重复在流逝的时间中水平跳跃，拓比重复则在内心空间中垂直跳跃。但无论是时间重复在时间线上的弹跳，还是拓比重复浮现到了意识的表面，二者都是猛烈、暴力的，由在创伤性无意识中起支配作用的高度紧张引发。病理性重复不仅在其表现上是痛苦的，而且在爆发时也是强迫性的。强迫性意味着无法控制、无法阻止。重复是强迫性的，因为它是无意识幻想不可抗拒的双重推力的结果：一种推力向上运动以外化出来，另一种推力向前以重新开始。因此，任何强迫性重复都包含这种向上和向前的双重运动。换句话说，一切创伤性的事物，即儿时、未象征化、被排除、被压抑、被孤立和被强化的事物，都迫切地想要变成现实；而一切现实化的创伤性事物都想要立刻自我复制。于是，我可以概括且肯定地说：**任何创伤性无意识的出现都是一种强迫性的爆发，它会突然出现在自我的表面并随着时间的推移而自我复制。**

品读弗洛伊德

当哲学家（康德〈Kant〉）表明时间和空间的概念是我们思想的必要形式时，一种直觉告诉我们，个体在两个系统的帮助下主宰世界，其中一个系统只在时间模式上运行，另一个只在空间模式上运行[14]。

——弗洛伊德

我们区分了病理性重复的两种运行模式：时间重复和拓比重复。在时间重复中，症状沿着时间线重复多次；在拓比重复中，症状重复并将无意识的幻想外化。

　　在进入后面的章节前，我想先总结一下我对病理性重复的看法。重复是一种心理障碍，是被排除和压抑的享乐的强迫性的出现，通常是痛苦的，由一个主体在其不知情的情况下所经历。主体虽然并没有记忆，但会将其过去行动化。当你在弗洛伊德的一篇文章里读到"重复"这个词时，请记住他通常会将其精练地表达为三种想法：重复的对象是一种不可克服的无意识情绪，一种被幻想包裹的享乐；这种幻想中的享乐不可抑制地想要将自己表现出来，并不断地表现出来；并且，在成功地将自己外化后，它会凝结成一种迫切的需要，将创伤性的经历重新演绎为反复出现的症状、重复的失败行为、强迫症、上瘾行为、危险的行动宣泄。我将所有这些表现都归结为病理性重复。这意味着始终重复享乐，并在人格或行为障碍中强迫性地重复。

品读弗洛伊德

强迫性重复再现时带来的体验只令自我感到不快，因为这种强迫性会导致被压抑的冲动再次出现。但这种不快乐并不与快乐原则相矛盾，因为一个系统（自我）的不快乐，同时也是另一个系统（无意识）的满足[15]。

——弗洛伊德

被压抑之物突然且强迫性地爆发使我们痛苦（症状），但它也是一种释放压力的方式，使我们放松。这既是有意识的自我的痛苦，也是无意识的本我的解脱。这种明显的矛盾随着拉康的享乐概念而消失，因为享乐既可以是痛苦的，又可以是快乐的。

然而，我们已经看到（见第 4 章章末），重复不总是对创伤和痛苦过去的病理性重复，也有对过去的健康的重复，尽管那种过去是令人困扰、高度兴奋和给人带来强烈情感的。

第 7 章

冲动：享乐的强迫性驱动力

到目前为止，我们回答了以下问题：重复的对象是什么？它为什么重复？它是如何重复的？如此，我们已经证实，重复的**对象**是享乐或描绘它的幻想场景；强迫性重复的**原因**是享乐象征化的缺乏及其后果、享乐在无意识中的孤立及其强迫性的爆发；重复的两种**模式**是时间重复与拓比重复。

现在，我们必须回答另一个非常重要的问题：如何定义享乐容易冲动的**力量**，这一滋养无意识幻想并推动其外化的力量？这里我们要引入冲动的概念，它也是一种力量，一种引起强迫性幻想且使其反复在自我表面爆发的力量。那么，人们可能会问：既然享乐和冲动是行动力量的两种情况，为什么还要对它们加以区分？事实上，我们面对的是同一种能量现象，但考虑的方式不同。当我们说**享乐**时，我们想到了压垮受害儿童主体的情绪、幻想人物夸大的情绪，以及困扰成年人主体从而导致病理性重复出现的情绪。简言之，享乐是这种精神能量呈现为情绪时，我们为之赋

予的名称。当我们说**冲动**时，我们想到了精神能量在
强烈地表现自己时所经过的路径，尤其是当我们想到
这种能量迸发的身体来源时，我指的是身体的孔窍、
皮肤或肌肉。

　　同时，当精神能量形成的力量从肉体中涌现并飙
升时，我们也可称之为冲动。换句话说，冲动是一种
产生于身体兴奋区域的力量，会立即在头脑中升起，
找到一个它能够投注并代表它（物表象）的幻想场景，
并渴望通过触发能够平息它兴奋的动作来尽快卸载它
的紧张。

　　我不想在这里过多地讨论冲动的一般定义，而更
希望专注于我们讨论的强迫性重复的问题上。这里要
提到的是，弗洛伊德在其早期的作品中，就将创伤的
强迫性重复设想为主体对其创伤的固着结果。保持对
创伤经历的固着意味着无法将自己从中解脱出来，并
希望多年后再次找到同样的经历。直到 1920 年，弗洛
伊德才将强迫性重复现象解释为冲动的主要特性。

品读弗洛伊德 ◦•••◦

　　"冲动"表现为一种复原过去状态的力量。我们可以假设，一旦这一（曾经建立的）状态受到干扰，便会形成冲动来进行重建，由此产生的现象我们可以称之为"强迫性重复"[16]。

——弗洛伊德

　　生理性冲动是保守的，是在过往经历中形成的，它的目的是退行或恢复过去的某些事情[17]。

——弗洛伊德

　　冲动和强迫性重复有什么关系呢？冲动是有机生命体固有的推动力，它促使生命恢复那些在外力的干扰影响下被摒弃的原始状态；它（冲动）是一种生理的适应性[18]。

——弗洛伊德

　　冲动普遍被构想成一种生理的适应性，一种推动曾经存在的但被外部打扰的过去重现的趋势。强迫性重复说明了冲动的保守性 [19]。

——弗洛伊德

　　弗洛伊德在 1920 年的伟大发现成为他作品的一个决定性转折点，他明白了冲动的目的与其说是寻求快乐，不如说是回到过去被打扰的状态，将它带回现在并将它复原。如果我们必须想象冲动的路径，我们会画一个箭头向前射出，又折返回来抓住已经改变的状态，然后继续前进。如此循环往复……

事实上，弗洛伊德的这一伟大发现是他的理论的一个决定性转折点，即观察到冲动的主要目的与其说是寻求满足、获得快乐，不如说是回到过去令人困扰的状态（一种创伤状态或一种健康状态，具有强烈的兴奋），将其带回到现在并恢复它。弗洛伊德在他的著作《超越快乐原则》中详述的正是这一思想。这位精神分析学创始人在这一至关重要的著作中，仿佛在向我们表明："过去，我一直认为冲动的唯一目的就是获得快乐，也可以理解为消除紧张感。但现在我不得不指出，冲动通常引导主体经历和重温令人困扰的儿时情绪——一种快乐和痛苦的混合体。否则如何解释有些人并不是在寻求快乐，而是一而再再而三地寻找他们已经知道并本可以避免的不愉快场景？如何理解一个人完全知道这种行为对他有害，却仍然试图复制它，回到伤害他的东西上？这种吸引力说明，冲动不只是为了释放它的紧张并获得快乐，还是为了回到过去，即使是最黑暗的过去，然后重复它。因此，我必须重新审视我最初的理论，并告诉自己，冲动的目的不仅是获得快乐，**还有回到过去、回到从前；回过头去寻找具有含义的过去，将它带回到现在，并无限地重复它。"**

事实上，如果我们必须想象一个冲动的路径，我们会画一个箭头，它指向前方，继而向后折返，陷入痛苦的过去，抓住享乐并将其带上，继续向前推进……如此循环往复。因此，冲动是由一种更强的推动力驱动的，我称之为**重复原则**。冲动更喜欢重复自己，而不是获得快乐；它更喜欢打转，而不是瞄准并实现它之外的目标。

同样，重复原则将冲动转化为螺旋式路径，让每一个螺旋都陷入无意识，来拾取情感强烈的过去（无论受创伤与否），将其推至现在并使主体再次经历。

想必你已经认识到，在精神生活中，还存在一种比我们寻求快乐、避免不快乐更占主导地位的力量。

这种力量被称为**强迫性重复**。被迫一次又一次地将被压抑的过去外化是一种比尝试快乐更不可抗拒的推力。如果不是重复原则，那么超越快乐原则会是什么？同样，弗洛伊德还可以将他的著作命名为《**超越快乐原则或重复原则**》。因此，即使重复原则比快乐原则更强大，我们仍有两个协同的原则：在时间走廊中控制冲动的**重复原则**，以及调节其热度的**快乐原则**。

我刚才所说的内容本质上是向你传达了一个信息：重复背后的驱动力，是促使我们始终选择一个相似的爱人，重复同样的爱和痛苦的方式，不知疲倦地回到同一种情感依恋的原因。这一原因是早期经历的高度兴奋与强烈情感在当下的再现。

在探讨拉康的重复理论之前，我想先提出两个中心问题，以帮助你理解强迫性重复并做出一些解释。

第一个问题：重复的强迫性特征是所有冲动的特

性，还是其中一部分的特性？

我的回答很明确。受与来访者一起工作的影响，我更愿意说冲动的强迫性特征是仅针对**死亡冲动**的，并在本书中贯穿这一想法：**病理性重复**的特性（与健康的重复不同）是强迫性的。

我们知道，对于临床精神分析师来说，强迫性是大多数精神病理障碍的特征。

第二个问题与第一个问题直接相关：冲动试图重建的"过去受到干扰的状态"是一种完全破坏自我的创伤状态，还是说它也可以是非创伤状态，尽管情感强烈，却也能够让自我保持原样？我们一致认为**过去受到干扰的状态既可能是创伤性的，也可能是非创伤性的**。如果它是**创伤性的**，那么它在成年人行为中的再现是**强迫性的**和**病理性的**；如果它是**非创伤性的**，那么它的再现是**非强迫性的**和**非病理性的**，甚至可能是令人愉快的。

　　我不希望我们说话时斩钉截铁的语气让读者认为一个在儿时受到心理创伤的主体，成年后一定会生病。我们知道有些人在经历了创伤性打击后是强烈渴望重生的。

　　因此，我更愿意区分由**生冲动**（自保冲动与性冲动）引起的重复和由**死冲动**（攻击或毁灭的冲动）引起的重复。这一区分对应两类重复，即**健康的**和**病理性**重复。**生冲动**会将情感强烈但非创伤性的过去带回到现在。生冲动的目的是连接和合并一些分散的元素，将无论被遗忘还是被压抑的过去都和谐地融入成年主体当前所处的现实中。**死冲动**会将更强烈的、**创伤性的**过去带回到现在。死冲动的目的是分离与隔开紧密联系的元素，它会暴力地将被排除和被压抑的创伤性享乐强加于成年主体当前所处的现实中，并破坏成年主体的稳定。这种想要与自己保持一致的无法控制的享乐的侵入通常表现为人格或行为障碍。

另外，我们说**情绪激烈**和**愉快的过去**在现在表现为**快乐的行为**，而**创伤性的**和**痛苦的过去**在现在表现为**不快乐的行为**。

情绪激烈和**愉快的过去**是一种可以被遗忘或压抑的过去。如果它只是**被遗忘**了，那么还可以回忆起来；如果它因过多的兴奋而**被压抑**了，那么可以以冒险的选择、大胆的行为或雄心勃勃的创举形式表现出来，这些当然都是具有含义的行动，但都被自然地融入了主体正常的生活流程中。

创伤性的和**痛苦的过去**是一种**被排除**然后**被压抑**的过去。因此，它只能以症状或行动宣泄的形式体现。

以下两个基本流程总结了健康的重复与病理性重复理论：

- 非创伤性过去→生冲动→健康且非强迫性的重复
- 创伤性过去→死冲动→病理性且强迫性的重复

第 8 章

拉康眼中的重复

　　但是，被冲动获得、传递和再现的这一原始过去是什么呢？根据我们前面所说的，在病理性重复的情况下，答案应该是无意识的幻想；在健康的重复的情况下，答案应该是极度兴奋与强烈的情感体验。但为了靠近拉康的重复理论，我只着重探讨幻想及其病理性的重复。事实上，严格来说，幻想不可能是冲动带到当下的原始的状态，因为在它之前存在另一个幻想。**幻想始终来自对事实的演绎，而这一事实是通过更久远幻想的扭曲镜头看到的。**大家还记得孩子因为看到父母之间的暴力场面而受到创伤的例子吧。我曾认为这种场面是孩子无意识地感知和记录的事实，并以幻想场景的形式出现。在这一幻想场景中，孩子看到了父亲的手紧扼住母亲的脖子。

　　但是，我现在应该补充并澄清的是，孩子通过已经存在于他内心的幻想演绎了这一事实。实际上，他对"打架的父母"这一场面是通过另一个更久远的幻想镜头来感知的，这一幻想镜头可能是从他出生开始，至少是从俄狄浦斯期开始就形成的。另一个是双胞胎的例子，他们对同一个感人的事实的体验方法是不同的，因为每个人都会根据自己的幻想感知来演绎它。换句话说，任何令人感到兴奋和感受强烈的事件都必然会通过预先存在的幻想的扭曲过滤被感知、记录和解释。同样，**任何对我们的情感而言重要的事都不是真实的，而是幻想的。**总之，我们应该这样说：任何幻想之前都会有另一个幻想，我们情感生活的历史就是重要幻想的记忆。

我可以断定，幻想不能是第一个，没有第一个幻想。

品读拉康

《狼人》[1]这一案例，给我们带来了重要的启发，它帮助我们了解弗洛伊德在揭示幻想的功能时，真正关心的是什么。他不断地质疑第一次相遇是怎样的，我们可以确定的被幻想隐藏的实在界是怎样的[20]。

——拉康

幻想从来都只是隐藏着某种绝对原始的东西的屏障，这种东西在重复的功能中起决定性作用[21]。

——拉康

在一个重复的症状背后，有一个正在重现的幻想；在幻想的背后，有一个实在的事物。一开始是实在界。如果使用这本书中的用语，我会说：在重复的症状背后，有一个正在重现的幻想；并且在幻想中，充满了创伤性享乐，这是实在界的核心。创伤性享乐的实在界发生在最初的时刻。

---

[1] 《狼人》是弗洛伊德的经典案例之一。——译者注

被冲动获得、传递和再现的更久远幻想不能成为最初的幻想，因为一个幻想始终反映的是在它之前的另一个幻想，而这一个幻想反映的又是另一个幻想……依此类推，无穷无尽，其源头是位于过去无穷远的一点。这就是为什么我们试图识别的被冲动获得的原始事件是一个永远丢失的现实，一个有多张面孔的现实，我们可以用创伤、享乐或实在界来指代它，都是一个意思。因此，我向大家提出以下观点：在重复症状的背后，有一个外化的幻想；在幻想的背后，是实在。实在是谜团的开端，也是谜团的结束。事实上，实在不仅来源于症状的最遥远的过去，也来源于最不确定的未来。因此，从时间的角度来看，实在是过去和未来、起源和命运的双重谜团。因此，如果我们一定要回答"实在界在哪里"这个问题，我们会说：实在界是将重复困在时间秩序里的未知事物。它是未知的过去和未知的未来，它是过去的无限和未来的无限。

　　然而，这还不是全部。实在界也是将一系列珍珠般的重复串起来的红线。我来解释一下。对于拉康而言，实在是"始终回到同一个地方的东西"，并且"重点要放在'回到'上"。但确切地说，如果不是回到在重复过程中重复自身的**同一个体验**上，那么实在界会回到哪里呢？大家一定还记得**相同与不同法则**。我说过，**相同的体验**永远无法重复与自己完全一致的东西。尽管总是可以辨别出来是同一事物的再现，但在某些方面会有明显的差异。事实上，重复的对象有两个方面：一个是完全保持不变的核心——这是**相同法则**，另一个是在每次重复时都会变化的外壳——这是**不同法则**。那么，实在界指的恰好就是重复对象不变的核心，尽管其具有变化的外壳，但我们仍然能够识别出它在昨天和今天是相同的。这就是贯穿一连串名为重复的珍珠的红线：**相同法则**的永恒不变的核心。我们改变了，但在我们身上，实在界并没有改变。这就是我们之前所说的自身的同一性。

然而，我们必须指出，实在界对应另一个我们已经知道的内容：幻想与症状共有的享乐，更准确地说是享乐的基本要素。为什么说是基本要素？因为实在界是一切情感的最深刻的核心，其本质是无法被定义的。这一核心，我们在图 6-2 中用ⓐ表示，放在每个气球内及每个幻想场景内。

现在，如果要将我们的观点翻译成拉康的术语，我们会说，实在界是双重定位的未知：定位在时间重复中和定位在拓比重复中。在**时间**中，实在界作为始终保持不变的**相同**的核心，存在于重复的前、后和中心。在**拓比**中，实在界是享乐的基本要素，而享乐则存在于幻想和症状中。但如果我们要给重复的**相同性**一个实在界的名字，我们会为每一次重复的出现赋予"能指"的名称。

什么是能指？我们已经讨论过这个问题，但在这里我想换个方式回答：能指是重复出现次数中的其中一次；而能指的集合是指构成能指链的一连串重复出现的次数。因此，我们回到图 6-2，每个孤立的气球代表一个能指，所有气球这一整体体现的则是能指链。现在需要理解的是，每一个能指都与其他能指相似，都是实在界的替身。换句话说，每一个气球，即每一次相同症状的出现，都是幻想场景的替身。因此，在拉康提出实在界总会回到同一个地方时，我们要对此补充说明：实在界总会回到同一个地方，且是以一个将它呈现的能指的形式；享乐总会通过症状的形式回到同一个地方。总之，实在界或享乐具有每次都以症状的形式出现、消失和重新出现的**相同性**，而每次重复又略有不同。

重复在其不可阻挡的势头中，穿越时间并改变了我们。但是如何理解随着每个重复而发生变化的"我们"呢？换句话说，如何命名被排除和压抑的过去再现于我们身上所产生的变化呢？

品读拉康 ●∙∙●

　　能指只能以移动的方式存在，就像不停运转的霓
虹灯广告一样，它的交替性是由其运行原理决定的，
它离开自己的位置，再返回，如此循环。这就是重复
机制的运行方式[22]。

——拉康

　　能指就像一个反复出现的症状，按照出现和消失
的交替节奏重复自己。

●∙∙●

我们身上发生的变化，我的意思是发生重复事件前的我们和发生重复事件后的我们之间的差异，这种差异被称为"主体"，更准确地说是"无意识的主体"。我们来总结一下。**实在界**是能指链之前、之中和之后的**相同性**，是贯穿这一链条不同环节的、始终不变的红线；**能指**表示能指链中的每个环节，即每一个被看作无意识浮现的重复事件，其症状是最好的例子；**无意识的主体**是在能指出现之前的我们和其出现之后的我们之间的差异。因此，**实在界**，它是重复的不变量；**能指链**，它的每一个环节都是一个与其他能指类似的**能指**；**无意识的主体**，它是每一次重复事件产生的结果。除了拉康的三个晦涩难懂的术语——能指、能指链和主体，我们还要补充第四个术语——**客体小ⓐ**，我们在前面已经对它有所阐述。

品读拉康

　　能指的移动决定了主体的行为（拒绝、盲目）、境遇和命运[23]。

——拉康

　　主体跟随象征符号的指引前行，但这个例子更让人惊讶之处在于：这不是一个主体，而是多个主体，他们具有主体间性，比绵羊更温顺地跟随直线前行，根据能指链当下的指示调整自己的存在[24]。

——拉康

　　重复机制不仅决定了一个主体的主体性，也决定了几个主体之间的主体间性。例如在一个家庭中，在父亲和女儿之间，或者在祖父与孙子之间。这被称为跨代重复。

客体小ⓐ是指当我们在每一个重复事件——症状的核心及无意识幻想的核心（见图 6-2）中定位实在界时，实在界所具有的名称。换句话说，客体小ⓐ是主体在幻想场景中无意识地体验到的、在症状中有意识地体验到的享乐的名称。

我想在能指链上稍作停留，但首先必须说一说计数在重复中的角色。事实上，仅仅知道有一些类似的事件连续发生，就得出存在重复的结论是不够的。我们前面说过还需要有观察者计数。要确认某个症状重复出现，需要回顾过去，并计算重复出现的次数。简言之，重复需要计数才存在。瑞秋向我倾诉："我的悲伤已经持续很长时间。第一次发作是在我 20 岁之前；之后我就忘了，直到我见到了杰罗姆，又重新遇见了这样的问题；然后我在巴黎住了一个月后，我再次感觉到很糟糕。"那么，她统计自己的悲伤是为了做什么呢？

　　她的每一次发作都略有不同，享乐却始终如一：悲伤、悲伤、悲伤……

　　在对拉康重复概念解读的最后，我想总结一下拉康晦涩难懂的术语，并从重复的角度得出无意识的定义。拉康晦涩难懂的术语书写如下：

* S_1 表示能指 1，即当前的重复事件，我将自己置于这一事件面前，推断它是重复链中的最后一个环节，而这一重复链在它之前开始，也会在它之后继续。
* S_2 表示能指的集合，即重复事件的链条或能指链。
* $\$$ 指无意识的主体，即重复动作的结果。
* ⓐ指客体小ⓐ，在幻想场景和症状中都象征**相同**或享乐的存在。

　　这四个术语具有协同作用，它们建立了一种**重复**

的习惯性运动。"习惯"一词指机械的、被局限的无意识冲动的自动运行，其唯一目的就是在以下三个阶段中盲目地前进：寻找过去的享乐，将其带回到表面并向前投射，急于重新开始。

更简单地说，无意识除了通过重复自身来前进，无其他目的。所有这些思考都使我们了解了无意识是如何产生影响的。我们的生活因为无意识的重复侵入而有了节奏。另外，我想提出一个与著名的拉康格言"无意识是像语言那样构成的"相呼应的说法：无意识是像习惯性的重复那样构成的。若要归纳为更精练的句子，我会说：**无意识，就是重复**！

品读拉康 ◦┄┄┄┄┄┄┄┄┄┄┄┄┄┄┄┄┄┄┄┄┄┄┄┄┄┄┄┄┄┄┄┄┄┄◦

在这里，我们掌握了无意识是如何出现的。弗洛伊德指的是什么？他想回答的问题是什么？这是他在定义重复的功能时解决的问题[25]。

——拉康

无意识是像重复机制一样构成的。

◦┄┄◦

°°°°°°°°°°°°°

拉康眼中的重复

✤ 重复的四大法则：

- 实在界（相同）/ 象征界（不同）

- 存在 / 不存在

- 计算重复次数的观察者（精神分析师）

- 由重复构成的人

✤ 是什么在重复：重复的是被排除、被压抑和
被包裹在幻想场景中的享乐。

✤ 享乐重复的次数：每一次以症状形式再现的
享乐都是一个能指；一连串的再现就构成能
指链。

✤ 重复的目的：

- 享乐的强迫性重复是无意识行为，其唯一
目的就是继续重复；

- 重复没有目的，但是会产生结果——无意
识的主体。

°°°°°°°°°°°°°°

第 9 章

伯纳德的故事：病理性重复的例子

　　我现在想介绍伯纳德的临床案例，这一案例非常能够说明病理性重复。弗洛伊德会称这一案例为"命运神经症"，我更愿意称它为"强迫性重复神经症"。它也是一个通过移情的治疗能力来阻止难以忍受的重复的例子。

　　伯纳德无法结婚。连续三次在婚礼仪式举行前的几小时内退婚后，这位 35 岁的工作者来找我咨询了。同样的场景再次发生时，他的内心被怀疑和恐慌占据，于是他选择了逃跑，把所有人——未婚妻、家人、宾客，甚至市长都丢在了一边。除了这些令人困惑的大转变造成的许多困难，伯纳德前来找我咨询的主要原因还是他发现自己很孤单，对自己永远无法组建家庭的可能性感到绝望。

　　在治疗过程中，另外两个同样有强迫性的症状暴露出来了，这让我能够逐步重建他的神经症最初出现时的无意识且有害的幻想场景。可以断言，正是由于幻想的重建,我们——来访者与精神分析师成功地为各种困扰赋予了含义,从而为应对治疗末期突如其来的**重现**的考验做好了准备。我们由此成功地遏制了病理性重复。

伯纳德几年前就完成了他的精神分析治疗,我也曾很开心地收到他第二个孩子出生的喜帖。我会毫不犹豫地告诉大家这一治疗取得了良好的效果,是一次成功的精神分析治疗。对来访者和精神分析师而言,幸运的是,许多治疗在经历了有时很长、有时稍短,通常很困难但始终鼓舞人心的过程后,会以非常积极的方式结束。我选择向大家讲述伯纳德的案例,不仅因为它说明了我们刚刚研究的病理性重复的两种形态——时间重复和拓比重复,而且因为它更近距离地展示了精神分析学家在强迫性重复方面的治疗行为。

关于来访者的临床概述,我还想做一些补充。除了连续悔婚,伯纳德还遭受了另外两种强迫性行为的

折磨，这两种强迫性行为同时带给他快乐和痛苦。其
一，他过去常常拨打电话，让电话里的女性声音侮辱
自己，并因受到屈辱而感到兴奋。一旦将欲望释放出
来了，他就崩溃了，因为自己再次陷入抑制不住又让
人耻辱的欲望，并立刻感到后悔。其二，在过去 4 年
中，他每周都强迫性地穿越整个法国，去他父亲的牙
科诊所，坐在椅子上，张开嘴，忍受这位快要退休的
牙科医生对他进行令他痛苦的治疗。

解除婚约的强迫性需要、被侮辱的强迫性需要以
及被自己父亲折磨的强迫性需要，让伯纳德生活在一
种名为"享乐"的无形毒药的影响下，其中混合了兴
奋、痛苦、羞耻和对自己的蔑视。他忍不住寻找这种
欲望，并感到兴奋在他身上升起。寻找一结束，兴奋
就变成了对自我深深的厌恶。

但是他为什么会有这三种抑制不住且重复的需要
呢？他臣服于什么样的隐形而又狠毒的力量呢？伯纳

德是享乐的奴隶，因为他被一种固执地渴望将自己外化的无意识幻想支配了。

　　基于三种强迫性需要，伯纳德深受折磨的幻想可以被概括为一个明确的儿时场景，在这个场景中他扮演了所有的人物。这是什么场景呢？这是在他不知情且深受其害的情况下，不断地重演的场景。在此，我不可能回忆起这次治疗中的所有信息。我只提一段痛苦的记忆（之前已经将它作为心理创伤的一个例子和大家分享过），伯纳德反复讲述过这段记忆。在这段痛苦的记忆中，还是个孩子的伯纳德震惊地目击了他父亲辱骂和殴打他母亲的场景。通过这段记忆和我们提出的三种强迫性需要，我从理论的角度重建了一个场景，我认为伯纳德的强迫性重复神经症源于这一无意识场景。我推测小伯纳德不只是看到了他记忆中的父母打架的场景。在重建的场景中，这个小男孩同时扮演了所有的角色——施虐者、受虐者和目击者：他既是打人的人，又是喊叫的人，还是目瞪口呆的旁观者。

品读弗洛伊德 ◦┄┄┄┄┄┄┄┄┄┄┄┄┄┄┄┄┄┄┄┄┄┄┄┄◦

　　当神经症在成年期爆发时，分析常常表明这只是幼儿期神经症的直接后续表现——重复，只是在幼儿期，这种表现处于被隐藏的初始状态[26]。

——弗洛伊德

　　儿童神经症（"俄狄浦斯情结"）最常被忽视，直到很久以后、在成年时才以新的神经症形式被发现。事实上，每一个成人神经症都在重复幼儿期神经症。

◦┄┄┄┄┄┄┄┄┄┄┄┄┄┄┄┄┄┄┄┄┄┄┄┄┄┄┄┄┄┄┄┄┄┄◦

伯纳德的情绪有时被父亲的残忍充斥，有时被母亲的屈辱充斥，有时则作为目击者被惊讶充斥。这每一种情绪都夹杂着他对咄咄逼人的父亲的狂怒，以及对挺身而出保护母亲的欲望。

之前我已经说过，这次治疗是成功的，因为伯纳德很幸运地终止了这一系列重复。治疗强迫性重复神经症通常是很困难的。另外，我想与大家分享精神分析师和来访者之间的心理交流，这些交流有助于疾病的治愈。但有一个先决条件：我们必须明白，要终止重复链，首先，分析性关系要成为一种新神经症的实验性剧场，这种神经症包含精神分析师在内，需要来访者对精神分析师"移情"，故可称之为"移情神经症"。事实上，如果来访者强烈地、神经症性地依恋他的精神分析师，以至于爱他的精神分析师（不是那种没有矛盾的爱）就像曾经爱他的父亲或母亲那样的话，那么他会更愿意也更能接受精神分析师的干预。精神分析师本人也会更自信地接近他的来访者。

品读弗洛伊德 o⋯⋯⋯⋯⋯⋯⋯⋯⋯⋯⋯⋯⋯⋯⋯⋯⋯⋯⋯⋯⋯o

正是在对移情的处理中，人们找到了驯服强迫性重复并将其转化为记忆动机的主要方法。通过限制这种强迫性的权限，让它仅仅存在于一个有限的领域中，我们将它变得无害，甚至是有正面作用的。我们允许它进入移情这样的舞台，在那里它可以以几乎完全自由的方式来表现自己，而我们也要求它向我们揭示所有隐藏在分析对象精神生活中的致病冲动[27]。

——弗洛伊德

分析者对其精神分析师的依恋是由于对精神分析师个人的移情（行动中的重复）。对精神分析师而言，他要利用这种移情让他的分析者反复地重新感受童年创伤期间所经历的享乐。

o⋯⋯⋯⋯⋯⋯⋯⋯⋯⋯⋯⋯⋯⋯⋯⋯⋯⋯⋯⋯⋯⋯⋯⋯⋯⋯⋯o

这种相互信任能够为精神分析师进行独特的辨别提供最佳的主观条件，使他不仅可以通过理智重建幻想场景，而且可以在情感上感知它。因此，我让自己认同了小伯纳德，我的内心也感受到了同样的创伤性享乐，这种享乐是由孩子经历的惊讶、虐待、耻辱和反抗构成的。我想明确一点：我认同的不是躺在躺椅上的成年来访者。虽然我对他话语中的情绪很敏感，但我尤其想重新体验的并不是这些有意识的情绪。当我认同于小伯纳德时，我其实是认同了一个在我脑海中虚构的创造物，并想象如果这一创造物是有生命的，那么在同时面对父亲的愤怒、母亲受到的侮辱和自己作为旁观者的无力时，它会感受到什么？

当然，这个想象中的孩子绝不是模糊的、悬浮注意的梦化的产物，恰恰相反，它是极度专注聆听的结果，由来访者本人知道的事情、他的过往、他的阻抗和痛苦滋养。

通过这种认同，我成功地在我的来访者愿意聆听
时告诉他，他现在的强迫性障碍是上述被困在他的无
意识中的幻想场景发挥作用的结果。这只是我干预的
一个例子。我向伯纳德揭示，强迫性地被侮辱是一种
重新体验他母亲遭受父亲殴打的屈辱的方式，是他将
自己置于了受屈辱的母亲的位置；而电话中居高临下
和侮辱的声音虽然是女性的，反映的却是父亲的蔑视。
如此反复解读，无意识的幻想场景逐渐变成了有意识
场景。我们从痛苦的记忆过渡到了无意识的幻想场景，
再从这个场景过渡到了有意识场景。

我在写到"反复解读"时，似乎已经听到我们的
一些来访者在抱怨他们的分析过程"循环往复"时提
出的反对意见了。但必须这样循环往复！每次要用不
同的方式面对同样的主题，遇见同样的问题，直到找
到出路。总会有一条出路的！本质上，每位来访者、
我们中的每一个人，都有两三个伤口，这些伤口通常
是在童年或青春期形成的，并且已经成为我们心中的

刺。同样，分析只能不知疲倦地回到我们久远的伤口
上。因此，我认为精神分析师应该毫不犹豫地多次解
读同一个无意识场景，并逐渐尝试让来访者意识到它。
只有到了这一步，我们才会看到强迫性重复平静下来，
让位于另一种形式的重复。这是一种有益的重复——再
现创伤性场景的享乐。这是我称为情绪意识化的分析
治疗中最富有成果也最棘手的体验。正是运用了这样
的方法，我才让伯纳德在我面前重新经历了他幻想的
享乐的痛苦过程。

品读弗洛伊德 ○⋯⋯⋯⋯⋯⋯⋯⋯⋯⋯⋯⋯⋯○

　　不幸的是，汉斯的父亲没有成功地解释这些幻想（这里是指小男孩向他父亲讲述的有意识幻想），所以汉斯没有因为讲述这些幻想而获得任何好处。缺乏解释使重复变得无拘无束，一直未被理解的东西总会再回来，就像一个痛苦的灵魂，直到找到解脱的办法[28]。

　　　　　　　　　　　　　　　　　　　　——弗洛伊德

　　在上述引文中，弗洛伊德陈述了精神分析的主要原则之一：不了解痛苦起源的人注定会看到痛苦的重复；相反，了解痛苦的起源是阻止痛苦重复的唯一方法。斯宾诺莎的一句话，与这一论点非常接近："一种感觉，是一种激情，一旦我们对它形成了一个清晰明确的概念，它就不再是一种激情了。"从精神分析的角度来看，只要我们借助哀悼的工作，通过移情的机制让来访者反复重温病理性的享乐，那么重复就会停止。因此，弗洛伊德提到的原则可以被总结为：没有被解释且仍然未知的东西总会回来。

　　在引文中，弗洛伊德对两件事做出了非常有用的区分，以便我们更好地倾听来访者：一件事是简单地倾听来访者对一个梦的叙述；另一件事是去解释它，也就是说让来访者知道梦中隐含的无意识欲望。

在定义这种显著的治疗体验——再现之前，我想先谈谈精神分析师的解释，没有这样的解释就不可能发生我所说的再现。很多年轻的精神分析师经常会犯的一个错误就是，相信只要向来访者解释他不明白的事情，就足以缓解他的痛苦。这些精神分析师错误地认为，精神分析治疗的本质在于将有意识的知识传递给来访者。完全不是这样的！重要的不是知识的传递，而是传递知识的方式。最重要的是唤起来访者的情绪，让他像接受自己说的话一样接受精神分析师的话，就好像他在对自己说话一样，就好像他的意识正在接受他自己的无意识信息一样。为了实现这一真相的效果，精神分析师本人需要被情绪吸引，并说出简单而动人的话，尽管其个人生活和职业活动是分离的。

这些简单而动人的话可以让来访者的自我的阻抗减弱，让其无意识享乐找到通往意识的直接道路。精神分析师感人的话语被来访者以沉默和被感动的方式所接受，就构成了分析治疗中有意义的事件之一。这一事件宣布了我们接下来要谈论的再现的经历将会接着出现。

品读弗洛伊德 ○···○

　　缺乏情感的记忆几乎始终是完全无效的。最初的心理过程必须以同等的（情绪）强度重复自身，在初生状态中被回忆起来，然后被口头表达出来[29]。

——弗洛伊德

　　创伤性享乐的重复再现最终得以消除，并使来访者获得对当前情况的更多顿悟。重复再现也等同于哀悼的工作。

○···○

第 10 章

通过再现进行治疗

现在是时候提出重复的另一种形式——"再现"了。在第4章，我区分了过去的三种再现方式：有意识的再现或回忆、健康行为中的再现，及病理性行为中的再现（强迫性重复）。然而，无意识的被压抑之物还有一种再现的模式，它不再是强迫性的，而是经过精神分析师长时间准备和期待的。那就是创伤性享乐的再现，这是一种由精神分析师引起，并受其移情影响的再现。

这正是伯纳德所经历的。在无数次的解释缓和了他的自我并使他与自己的对话变得流畅之后，他在有限的几次激烈甚至时而痛苦的会谈中感受到了迄今为止从未感受过的享乐——他的羞辱幻想中特有的享乐。然而，分析的治疗目的正是**消除有害的儿时幻想**，或者说，**逐步消除强迫性享乐**。我们是如何进行的呢？通过完成三个决定性的步骤。如果这些步骤得以顺利完成，我们就可以肯定治疗是朝着正确的方向发展的。

第一步，我们带领来访者在分析场景中重演无意识的创伤情境。如此来访者便进入再现的状态，会在自己身上感受并感知到他无意识幻想中固有的享乐。

通过伯纳德的例子，大家已经明白这不是一个简单的回忆问题。促进**旧情绪的再现**与促进痛苦**记忆的唤起**是截然不同的。前者是再现，来访者可以从身体上强烈地感受到幻想的享乐——一种在此之前他从未有意识地感受到的享乐；后者是被痛苦事件的唤起所触动。我提醒一下，再现并不是一次性的突然发生的体验，它是在经过一段时间的分析准备后，从几次连续的会谈中产生的。那么，感受幻想中的享乐具体是什么意思？再现不仅是一种感觉的爆发，也是被这种感觉影响的意识。来访者要**在感受的同时意识到感受，对重新体验创伤的自己和看到自己重新体验创伤的自己做出区分**。在来访者进行这一自我感知的时刻，精神分析师要克制自己，那么当其来访者发现幻想人物所带来的感受和情感时，精神分析师便能成为来访者获得真正内心启示的无声见证者。

当来访者的意识再次回到当下的自己时，他会被
一种奇怪的存在感所震惊。

来访者与精神分析师完成了重新体验被压抑的情
绪这一震撼的步骤，这意味着他们共享了一次特殊的
相遇。然而，经历这些重要时刻并不足以长久地消除
来访者病理性的幻想，还有必要加上一句能为这一重
现的、被隐藏的过去赋予意义的话。既然被压抑的过
去带着它所有的情感重新出现，那么就需要用话语来
命名它，并将它刻进故事里。这些话语有时出自精神
分析师之口，有时也出自来访者本人之口。但无论是
谁说出来的，最重要的是要明白，如果一个人成功地
为刚刚重现的痛苦情绪命名了，那么这种情绪就会融
入主体的自我，并随着时间的推移消散。

第二步，来访者逐渐熟悉过去的创伤情境。这样，

他就能对自己当前的行为有更进一步的顿悟。

第三步，就像哀悼的工作一样，反复的再现使来访者逐渐对他幻想中的人物失去认同，并与这些人物带来的情绪分离。在哀悼中，失去亲人的人将自己从所爱和失去的客体中分离出来；在再现中，来访者将自己从使他精神错乱的、有害的享乐中分离出来。

在再现这一主题的结尾，我想定义一下精神分析师对自我和本我的态度。无意识的自我倾向于压抑，而无意识的本我用尽全力将享乐重现在强迫性且不可预测的行为中。因此，我将区分**本我**、**自我**和**精神分析师**的态度。

面对幼儿时期的精神创伤，他们的反应如下：

- ❀ **本我**只有一个目的：尽一切努力令创伤性享乐重见天日，让它在成年人的身体中颤抖，在冲动的行动中爆发。

- ❀ 相反，**自我**不想再次受苦，所以无论在记忆中
  还是在行动中，它都不想知道关于可怕创伤的
  任何事情。它不顾一切地压抑创伤。

- ❀ **精神分析师**，他不允许本我将创伤性享乐在暴
  力和强迫性的行动中重现，但允许它以一种渐
  进、平静和口头重现的形式出现。本着推进治
  疗的精神，他也希望自我不要那么谨慎，不要
  害怕回忆创伤。对于精神分析师而言，本我粗
  暴的行动和自我的过度谨慎都是对疗愈的阻抗。

我们说**压抑**是自我的结果，因为它害怕回忆创伤；
而**强迫性重复**是本我的结果，因为它已经尝到创伤的
滋味，并仍然想要它。简言之，压抑就是"我什么都
不想知道"，而重复是"我还想要"。

○○○○○○○○○○○○

健康的重复

※ 重复的三大法则：

- 相同 / 不同

- 存在 / 不存在

- 计算重复次数的观察者

※ 重复的作用（有益作用）：

- 自我保护

- 自我实现

- 随着时间推移，身份形成

※ 过去在现在的回归：

- 回忆是被遗忘的过去在意识中的回归。

- 健康的重复是被压抑的过去在我们行为中
的回归。

- 无意识在这里是一种生命的力量，提升我
们存在的意义。

※ 重复的是什么：重复的是令我们困扰和被压
抑的过去。

🕸 重复的驱动力是什么：重复的驱动力是冲动。冲动并不寻求释放它的紧张并获得快乐，而是更愿意保持它的紧张并引导享乐无休止地重复。

病理性重复

🕸 重复的三大法则：

- 相同 / 不同
- 存在 / 不存在
- 计算重复次数的观察者

🕸 重复的作用（重复的病态）：

- 对我们的错误和失败的莫名其妙的重复
- 在不知情的情况下，不断重演儿时创伤性经历的迫切需要
- 男人因未能找到理想的女人而数次中断恋爱关系

- 强迫性障碍（troubles obsessionnels compulsifs, TOC）
- 上瘾行为

✦ 过去在现在的回归：

- 病理性重复在我们的症状和行动宣泄中强迫性回归，重复的是被排除和压抑的创伤性过去。
- 无意识在病理性重复中是一种死亡的力量，推动主体想要不断地重温创伤中的快感和痛苦的享乐。

✦ 重复的是什么：重复的是被包裹在无意识幻想场景中的创伤性享乐。

✦ 重复的驱动力是什么：重复的驱动力是冲动。冲动并不寻求释放它的紧张并获得快乐，而是更愿意保持它的紧张并引导享乐无休止地重复。

治疗中的再现

⚘ 再现是创伤性享乐的回归，在治疗过程中，
来访者能真实地感受到被享乐唤起的情绪，
能对重新体验创伤的自己和看到自己重新体
验创伤的自己做出区分。

⚘ 再现并不是一次性的突然发生的体验，它是
在经过一段时间的分析准备后，从几次连续
的会谈中产生的。再现向我们表明，痊愈开
始了。

现在，我想以两种古老的声音来结束这一章，这
两种声音的共振向我们传递了同一个信息。第一种声
音是远古的声音，告诉我们过去不会随着时间的流逝
而消失，并且永远可以再现。

已经发生的任何事情，无论对还是错，都无
法被抹去。时间——这位宇宙之父，也无法阻止

它们的存在和重生。

第二种声音离我们更近，回响在我们耳边并补充说，过去不仅永远存在、无法抹去，还在我们心中活跃着。只要我们还活着，过去就会不断地在我们的意识和行为中出现。

生命中的一切都不会丢失，已经形成的一切都不会消失，一切都被保存下来了……并且可以再现。

第一段话出自公元前 5 世纪居住在底比斯的一位年迈的思想家，这是无与伦比的博学诗人品达的声音。第二段话，是另一位大师的声音，他一直与我们同在，他就是西格蒙德·弗洛伊德。虽然这两句话相隔了两千多年，这些声音向我们倾诉了同一个真理，我会这样表述它：**今天对我们至关重要的一切，都是在重复已经发生的事情**。作为精神分析师，我们在倾听来访者的苦恼时，这一真理应当是指导我们思想的第一个座右铭。听着来访者的抱怨，我们立刻就知道他今天的经历必然是他昨天经历的重复。

REFERENCE

参考文献

1. « Le séminaire sur "La lettre volée" », in *Écrits*, Seuil, 1966, p. 11. © Éditions du Seuil, 1966, coll. « Points Essais », 1999.

2. *Au-delà du principe du plaisir*, Payot, coll. « Petite Bibliothèque Payot », 2010, p. 94-95.

3. « L'intérêt de la psychanalyse », (traduction par Olivier Mannoni).

4. «Observations sur l'amour de transfert », (traduction par J.-D.N.).

5. « Remémoration, répétition, perlaboration », (traduction par Olivier Mannoni).

6. « Remémoration, répétition, perlaboration »,
(traduction par Olivier Mannoni).

7. *Au-delà du principe du plaisir, op. cit.*, p. 60.

8. *Au-delà du principe du plaisir, op. cit.*, p. 68-69.

9. *Au-delà du principe du plaisir, op. cit.*, p. 63-64.

10. *Inhibition, symptôme et angoisse*, PUF, 1965, p. 81.

11. *Au-delà du principe du plaisir*, Payot, coll. « Petite
Bibliothèque Payot », 2010, p. 66.

12. « Angoisse et vie pulsionnelle », (traduction par
J.-D.N.).

13. « Remémoration, répétition, perlaboration », in *La
Technique psychanalytique*, PUF, 1977, p. 110.

14. *Les Premiers Psychanalystes. Minutes de la Société
psychanalytique de Vienne, III,* 1910-1911 (traduc-
tion par Olivier Mannoni).

15. *Au-delà du principe du plaisir*, Payot, coll. « Petite
Bibliothèque Payot », 2010, p. 63.

16. « Angoisse et vie pulsionnelle », in *Nouvelles conférences d'introduction à la psychanalyse*, Gallimard, 1984, p. 143.

17. *Au-delà du principe du plaisir, op. cit.*, p. 98-99.

18. *Au-delà du principe du plaisir, op. cit.*, p. 95-96.

19. *Sigmund Freud présenté par lui-même*, Gallimard, 1984, p. 96.

20. *Le Séminaire*, livre XI, *Les Quatre Concepts fondamentaux de la psychanalyse (1964)*, texte établi par Jacques-Alain Miller, Seuil, coll. « Le Champ Freudien », 1973, p. 40. © Éditions du Seuil, 1973, coll. « Points Essais », 1990, p. 54.

21. *Le Séminaire*, livre XI, *Les Quatre Concepts fondamentaux de la psychanalyse (1964)*, texte établi par Jacques-Alain Miller, Seuil, coll. « Le Champ Freudien », 1973, p. 40. © Éditions du Seuil, 1973, coll. « Points Essais », 1990, p. 58-59.

22. « Le séminaire sur "La lettre volée" », in *Écrits*,
Seuil, 1966, p. 11. © Éditions du Seuil, 1966, coll.
« Points Essais », 1999, p. 29.

23. « Le séminaire sur "La lettre volée" », in *Écrits*,
Seuil, 1966, p. 11. © Éditions du Seuil, 1966, coll.
« Points Essais », 1999, p. 30.

24. « Le séminaire sur "La lettre volée" », in *Écrits*,
Seuil, 1966, p. 11. © Éditions du Seuil, 1966, coll.
« Points Essais », 1999.

25. *Le Séminaire*, livre XI, *Les Quatre Concepts fonda-
mentaux de la psychanalyse (1964)*, texte établi par
Jacques-Alain Miller, Seuil, coll. « Le Champ Freu-
dien », 1973, p. 40. © Éditions du Seuil, 1973, coll.
« Points Essais », 1990.

26. *Introduction à la psychanalyse*, Payot, coll. « Petite
Bibliothèque Payot », p. 442.

27. « Remémoration, répétition, perlaboration »,

(traduction par Olivier Mannoni).

28. *Le Petit Hans. Analyse de la phobie d'un petit garçon de cinq ans*, Payot, coll. « Petite Bibliothèque Payot », 2011, p. 212-213.

29. « Le mécanisme psychique de phénomènes hystériques », in *Études sur l'hystérie*, PUF, 1981, p. 4.